DA AMIZADE

DA AMIZADE

Marco Túlio Cícero

Tradução
GILSON CESAR CARDOSO DE SOUZA

Notas
HOMERO SANTIAGO

Cronologia
GERALDO JOSÉ ALBINO

SÃO PAULO 2019

Esta obra foi publicada originalmente em latim com o título
LAELIVS DE AMICITIA.
Copyright © 2001, Livraria Martins Fontes Editora Ltda.,
São Paulo, para a presente edição.

1ª edição *2001*
2ª edição *2012*
3ª tiragem *2019*

Tradução
GILSON CESAR CARDOSO DE SOUZA

Revisão de tradução
João Carlos Cabral Mendonça
Mariana Sérvulo da Cunha
Acompanhamento editorial
Luzia Aparecida dos Santos
Revisão gráfica
Helena Guimarães Bittencourt
Produção gráfica
Geraldo Alves
Paginação
Studio 3 Desenvolvimento Editorial

Dados Internacionais de Catalogação na Publicação (CIP)
(Câmara Brasileira do Livro, SP, Brasil)

Cícero, Marco Túlio
  Da amizade / Marco Túlio Cícero ; tradução de Gilson César Cardoso de Souza ; revisão de tradução João Carlos Cabral Mendonça, Mariana Sérvulo da Cunha ; notas Homero Santiago. – 2ª ed. – São Paulo : Editora WMF Martins Fontes, 2012. – (Clássicos WMF)

Título original: Laelivs de Amicitia.
ISBN 978-85-7827-501-3

1. Amizade 2. Diálogos latinos 3. Literatura latina I. Santiago, Homero. II. Título.

11-13325	CDD-878

Índices para catálogo sistemático:
1. Diálogos : Literatura latina 878

Todos os direitos desta edição reservados à
Editora WMF Martins Fontes Ltda.
Rua Prof. Laerte Ramos de Carvalho, 133 01325-030 São Paulo SP Brasil
Tel. (11) 3293-8150 e-mail: info@wmfmartinsfontes.com.br
http://www.wmfmartinsfontes.com.br

Índice

A época de Cícero VII
Da amizade.   1

A época de Cícero

Cronologia dos principais acontecimentos relacionados com a vida e a obra do autor
(Cronologia)

Anos (a.C.)

106. Nasce Cícero, a 3 de julho, em Arpino [pequena cidade a Sudeste do Lácio, a cem quilômetros de Roma, de honrada família de cavaleiros].
104. Segunda Guerra dos Escravos na Sicília [que se prolonga até 102].
102. Vitória de Mário [conterrâneo de Cícero] sobre os teutões.
101. Nascimento de Caio Júlio César.
Vitória de Mário sobre os Cimbros.
91. Início da *Guerra Social* (*Sociale Bellum*) ou dos *Aliados Itálicos* [que se prolonga até 89].
90. Lei Juliana confere direitos aos escravos.
Cícero veste a toga viril.
No ano seguinte, serve na *Guerra Social* [sucessivamente sob Pompeu, Estrabão e Sila].

88. Primeira guerra contra Mitridates [rei do Ponto, de 88 a 85].
Primeira Guerra Civil.
86. Morte de Mário [cônsul sete vezes: 107, 104--100, 86].
82. Sila derrota Mitridates [ocupa a Trácia, invade a Grécia, toma Atenas e transfere a guerra para a Ásia Menor. Indicado, para ditador, por um prazo ilimitado, extermina opositores e restaura os poderes primitivos do Senado. Restabelece o veto senatorial sobre os atos da Assembleia e restringe a autoridade dos tribunos. Pompeu ganha fama como conquistador da Síria e da Palestina; César dedica os seus talentos a uma série de incursões contra os gauleses].
81. Cícero estreia na oratória com o discurso *Em defesa de Quíncio* (*Pro Quinctio*) [acusado de espoliação].
79. Profere seu segundo discurso: *Em defesa de Róscio Amerino* (*Pro Roscio Amerino*).
[Viaja para o Oriente, onde permanece até 77. Em Atenas, convive com Pompônio Ático, seu correspondente e editor, estuda com Antíoco, fundador da Velha Academia; na Ásia, segue os cursos de Xénocles, Dionísio e Menipo, e, em Rodes, os do estoico Possidônio e de Mólon Apolônio, célebre professor de retórica.]

77. Casamento de Cícero com Terência.
Revolta de Sertório, na Espanha [que se estende até 72. Partidário leal de Mário, resiste aos generais enviados por Sila, mas acaba morto].
76. Nasce Túlia [filha de Cícero e Terência].
Profere o terceiro discurso: *Em favor de Quinto Róscio Comoedo* (*Pro Quinto Roscio Comoedo*).
Questura na Sicília [76 a 75].
74. Segunda guerra contra Mitridates [que se aproveitava do desgoverno dos romanos no Oriente para estender seu domínio na Ásia Menor], dirigida por Licínio Luculo até 67, em seguida por Pompeu.
73. Revolta dos escravos, liderada por Espártaco [que se prolonga até 71].
72. Discurso *Em defesa de Túlio* (*Pro Tullio*).
70. Composição das *Verrinas* (*In Verrem*) [divididas em duas *actiones*, sendo que a primeira é como uma introdução à acusação contra Verres, governador da Sicília, onde cometeu toda sorte de rapinagem; a *actio secunda* contém cinco orações escritas, mas não pronunciadas: *de praetura urbana, de jurisdictione siciliensi, de frumento, de signis, de suppliciis*].
Consulado de Pompeu e Crasso.
Abolição da constituição de Sila.

69. Cícero ocupa a curul senatorial.
Discursos: *Em defesa de Fonteio* (*Pro Fonteio*) [em que defende Marco Fonteio, governador da Gália Transpadana, contra acusações de extorsões] e *Em defesa de A. Licínio Cecina* (*Pro Caecina*).

68-43. [Maior epistológrafo da antiguidade, dele conservou-se o maior número de epístolas:]
– *A Ático* (*Ad Atticum*), dezesseis livros de cartas escritas a Pompônio Ático.
– *Aos familiares* (*Ad familiares*), cartas agrupadas em dezesseis livros, dirigidas a amigos e parentes.
– *A Quinto* (*Ad Quintum fratrem*), agrupadas em três livros, endereçadas a seu irmão mais moço.
– *A Bruto* (*Ad Brutum*), em dois livros, contendo a correspondência com Marco Júnio Bruto [um dos chefes da conjuração contra César].

67. Concessão a Pompeu, por três anos, de todos os poderes ditatoriais.

66. Cícero torna-se pretor.
Discursos: *Sobre o império de Cn. Pompeu* (*De Imperio Cn. Pompei*), também chamado *Em defesa da Lei Manília* (*Pro Lege Manilia*) [em defesa da proposta de lei feita pelo tribuno Manílio,

para que o comando da guerra mitridática fosse conferido a Pompeu], e *Em defesa de Cluêncio* (*Pro Cluentio*) [acusado de se apossar de bens públicos].

64. Nasce Marco Cícero, filho de Cícero.
63. Consulado de Cícero.

Discursos: *Em defesa da Lei Agrária* (*De Lege agraria*), *Em defesa de C. Rabírio* (*Pro C. Rabirio*), as *Catilinárias* (*In L. Catilinam*) e *Em defesa de Murena* (*Pro Murena*).

[Como político, Cícero prestou relevantes serviços à pátria, como no combate às tramas de Catilina. As *Catilinárias* formam um conjunto de quatro discursos, dos quais o primeiro é pronunciado no Senado; o segundo, no dia seguinte, diante do povo, para informá-lo da partida improvisada de Catilina; o terceiro é dirigido ao povo sobre a captura dos conjurados, e o quarto, recitado no Senado, a cinco de dezembro, trata da pena a infligir-se a estes.

O Senado confere a Cícero o título de "Pai da Pátria"].

62. Discursos: *Em favor de P. C. Sulla* (*Pro Sulla*) e *Em favor de Arquias* (*Pro Archia*) [poeta grego, acusado de usurpação do direito de cidadania].

Batalha de Pistoia.

Morte de Catilina.

61. César assume a propretoria na Espanha.
60. Primeiro triunvirato: Pompeu, César e Crasso [que em vão procuram obter a cooperação de Cícero].
59. Consulado de César.
Lei agrária.
58. Campanhas de César, na Gália transalpina [que se prolongam até o ano 51].
57. Cícero volta da Grécia [de um exílio a que fora condenado por força de intrigas políticas].
Proconsulado na Cilícia (57-51).
56. Discursos: *Em defesa de Célio* (*Pro Caelio*) [acusado do envenenamento da irmã do tribuno Público Clódio] e *Em defesa de Balbo* (*Pro Balbo*).
Renovação do primeiro triunvirato em Luca.
55. Segundo consulado de Pompeu e Crasso.
Obras retóricas: *Sobre o orador* (*De oratore libri III*) [composta sob a forma de diálogo, dedicada a seu irmão Quinto] e *Sobre a invenção* (*De inventione*) [em dois livros].
54. Cícero compõe o tratado político: *Sobre a república* (*De republica*) [dialógico, em seis livros, publicado em 51, onde se discorre sobre a melhor forma de governo].
Discursos: *Sobre as províncias consulares* (*De provinciis consularibus*), *Em defesa de C. Rabí-*

rio Póstumo (*Pro C. Rabirio Póstumo*) e *Em defesa de Cn. Plâncio* (*Pro Plancio*).
53. Morte de Crasso [em combate contra os partos].
52. Composição de novo tratado político: *Sobre as leis* (*De legibus*) [igualmente dialógico, originalmente em seis livros, dos quais os três primeiros, e não sem lacunas, chegaram até nós. Visto como um complemento do *De republica*, o autor faz, no primeiro, uma introdução da lei e da justiça em geral; no segundo, propõe e explana as leis religiosas para o Estado ideal; no terceiro, discorre sobre o seu aspecto público e constitucional].
Discursos: *Em defesa de Pisão* (*In Pisonem*) [acusado de violência pelos Alógrobos] e *Em defesa de Milão* (*Pro Milone*) [acusado de envolvimento no assassinato de Clódio].
Pompeu é eleito pelo Senado cônsul único.
49. Guerra Civil.
[Cícero adere ao partido de Pompeu, que julga representar, até certo ponto, a causa republicana.]
[Aos onze dias de janeiro, de volta das Gálias (*Alea jacta est*! [A sorte está lançada!]), César atravessa o Rubicão – rio que não se podia transpor sem ser considerado rebelde em Roma – e marcha para a *Urbs*.]

Pompeu retira-se para a Grécia com vários magistrados e senadores. Cícero segue o mesmo destino.
48. Conflito, a 9 de agosto, entre as forças de Pompeu e César, em Farsalo, na Tessália [O primeiro é derrotado e, a 28 de setembro, assassinado por agentes do rei do Egito. Cícero procura, então, reconciliar-se com o vencedor, porém permanecendo afastado das lutas políticas.]
47. Vitória de César sobre Fárnaces, filho de Mitridates [Redação do célebre despacho ao Senado: *Veni, vidi, vici* (*Vim, vi, venci*).]
    Cícero obtém autorização de regressar a Roma.
46. Discursos: *Em defesa de M. Marcelo* (*Pro Marcello*) e *Em defesa de Q. Ligário* (*Pro Ligario*). Obras retóricas: *Bruto* (*Brutus*) [dialógica], *O orador* (*Orator*) [dedicada a Bruto], e *Sobre o melhor gênero de oradores* (*De optimo genere oratorum*) [vista como um resumo de *O orador*]. Segundo "retiro" do orador [que se prolongou até o ano 44].
    Cícero divorcia-se de Terência [após uma união de trinta anos] para se casar com Publília.
    Término da guerra da África, com cinquenta mil mortos, na batalha de Tapsa.
    César torna-se ditador por dez anos e, no ano seguinte, ditador perpétuo. Assume muitos ou-

tros títulos da magistratura para fomentar o seu poder: cônsul, tribuno, censor, sumo pontífice. Suicida-se Márcio Pórcio Catão [modelo de austeridade, exemplo de luta pela moralidade pública], em Útica.

45. Discurso *Em defesa do rei Dejótaro* (*Pro rege Dejotaro*) e tratados morais: *Sobre as definições do bem e do mal* (*De finibus bonorum et malorum*) [em cinco livros] e *Discussões em Túsculo* (*Tusculanae disputationes*) [ilustração da obra anterior, apresentadas sob a forma de conferências, totalizando cinco, feitas pelo autor em sua *villa*, em Túsculo], *As acadêmicas* (*Academica*) [em que procura desenvolver a teoria do conhecimento preconizada pela Nova Academia].

    Morte de Túlia [chamada por vezes pelo diminutivo Tulliola, de parto, aos 30 anos, recém-casada com Lêntulo, após haver se divorciado de Dolabela].

    Guerra da Espanha, que termina com a batalha de Munda [perto de Córdoba].

44. A 15 de março, César é assassinado, no recinto do Senado [por um grupo de conspiradores, sob o comando de Bruto e Cássio, representantes da antiga aristocracia]. [Ao que parece, Cíce-

ro aplaudiu tal ato. Com isso acarretou o ódio de Marco Antônio, que se arvorara em herdeiro e vingador de César.] Cícero atira-se com uma série de quatorze orações: *In Marcum Antonium orationes XIV*, que chamará *Filípicas* (*Philippicae orationes*) [à semelhança das que Demóstenes havia pronunciado pela causa da liberdade ateniense contra Filipe da Macedônia]; os tratados filosóficos: *Sobre a natureza dos deuses* (*De natura deorum*) [em quatro livros], *Sobre a velhice* (*De senectute*), *Sobre a amizade* (*De amicitia*), *Sobre os deveres* (*De officiis*), *Sobre a adivinhação* (*De divinatione*) e *Sobre o destino* (*De fato*).

43. Segundo triunvirato: Otávio, Lépido e Marco Antônio.

[Encerra-se o período da República e, com ela, a vida do grande orador. Inscrito na lista das proscrições, Cícero foge de Roma, é alcançado por soldados e decapitado, perto de Formia.]

Bibliografia

AYMARD, A. e AUBOYER, J. *Roma e seu império*. Trad. de P. M. Campos. São Paulo, Difel, 1975.

BURNS, E. M. *História da civilização ocidental*. Porto Alegre, Globo, 1981.

CARDOSO, Zélia de Almeida. *A literatura latina*. São Paulo, Martins Fontes, 2003.

DUPOUY, A. *Rome et les lettres latines*. Paris, Colin, 1924.

GRANT, M. *História de Roma*. Rio de Janeiro, Civilização Brasileira, 1987.

GUDEMAN, A. *Historia de la literatura latina*. Buenos Aires, Labor, 1926.

HARVEY, P. *Dicionário Oxford de literatura clássica grega e latina*. Trad. de Mário da Gama Kury. Rio de Janeiro, Jorge Zahar, 1987.

LEONI, G. D. *A literatura de Roma*. São Paulo, Nobel, 1969.

SPALDING, T. *Pequeno dicionário de literatura latina*. São Paulo, Cultrix, 1976.

DA AMIZADE

Lélio
Da amizade

[Preâmbulo]

I. 1. Quinto Múcio, o áugure[1], costumava narrar fielmente e com agrado muitas coisas a respeito de seu sogro, Caio Lélio[2], a quem não hesitava em chamar, sempre que falava, "sábio". Eu, porém, fui confiado por meu pai a Cévola logo depois de re-

---

1. Quinto Múcio Cévola (ca. 157-87), conhecido como o "áugure" em contraposição a seu primo, Cévola, o "pontífice". O áugure foi pretor em 121, governador da Ásia e cônsul em 117; era casado com a filha de Lélio. Como logo se verá, sua relação com Cícero vem do fato de este lhe ter sido confiado pelo pai em 90 a fim de realizar seus estudos de direito. Entre as famílias romanas ilustres, o aprendizado da vida pública (*tirocinium fori*) dos filhos era confiado a um homem da política, amigo da família e de experiência e honra reconhecidas (cf. H.-I. Marrou, *História da educação na Antiguidade*, São Paulo, Herder & Edusp, 1996, pp. 363-5).

2. Caio Lélio, nascido por volta de 190, foi inseparável amigo de Cipião Emiliano. Em 151 foi tribuno; em 145, pretor; em 140, cônsul; participou da reação aristocrática contra os Gracos e por isso acabou recebendo, desde o consulado, a designação de "sábio" (*sapiens*). Em 129, redigiu e leu a oração fúnebre de Cipião. Lélio é um dos principais interlocutores do *Da república* de Cícero.

ceber a toga viril³, e sempre que podia e era conveniente, jamais me afastava daquele ancião. Com frequência, quando argumentava prudentemente ou emitia sentenças breves e eloquentes, eu memorizava com cuidado suas palavras e tratava de tornar-me mais douto graças à sua prudência. Morto o áugure, voltei-me para os ensinamentos de Cévola, o pontífice⁴, que, pelo talento e retidão, ouso dizer ter sido o mais preclaro de nossos cidadãos. Dele, porém, falarei noutra ocasião; volto agora a tratar do áugure. 2. Lembro-me de muitas coisas a seu respeito, vejo-o sentado no hemiciclo⁵, conforme tinha por costume, um dia quando eu e também alguns de seus familiares estávamos lá, a discorrer sobre um assunto muito falado na época. Deves recordar bem, Ático⁶, pois que eras muito

3. Aos 17 anos, o adolescente romano recebia numa cerimônia a toga viril, branca, o que marcava sua entrada no mundo adulto; as crianças, por sua vez, usavam a toga pretexta, bordada de púrpura (cf. H.-I. Marrou, op. cit., pp. 361-3).

4. Quinto Múcio Cévola (140-82), primo do outro Cévola, foi o grande jurista da família e fez uma ilustre carreira pública até ser assassinado. Cícero permaneceu ao lado do áugure até a morte deste, em 87, um ano depois da conversa que abre o *Da amizade* (cf. § 2). Se foi pelas mãos do pai que o jovem Cícero foi confiado ao áugure, é por sua própria conta que o adulto procura o pontífice.

5. Construção típica das grandes casas romanas cujo formato em meio-círculo visava facilitar a conversação.

6. Tito Pompônio (110-32); desde a juventude o melhor amigo de Cícero. Distante de Roma por longo tempo, permaneceu mais de vinte anos em Atenas, dedicando-se às artes e à literatura; daí seu apelido.

ligado a Públio Sulpício[7], que este, quando tribuno da plebe, nutria ódio mortal a Quinto Pompeu, então cônsul, apesar de ter sido no passado seu amigo fidelíssimo e muito íntimo; e recordas também quão grande foi a surpresa e o descontentamento do povo com esse conflito. 3. Ora, justamente naquele dia Cévola, após mencionar esse fato, contou a conversa que Lélio travara com ele e com seu outro genro, Caio Fânio[8], filho de Marco, a respeito da amizade, alguns dias depois da morte do Africano[9]. Decorei as ideias de sua exposição e vou registrá-las aqui como julgo melhor[10]: ponho em cena, por assim dizer, as próprias personagens, para não ter de repetir a todo instante "eu disse" e "ele dis-

7. Públio Sulpício Rufo, marido de uma prima de Ático, foi morto em 88; motivo que, aparentemente, levou Ático a retirar-se da vida pública. Com tal precisão histórica é possível datar a narrativa.

8. Caio Fânio havia se casado com a filha mais nova de Lélio, provavelmente em 141. Foi tribuno da plebe em 142; pretor em 126; cônsul em 122, quando combateu Caio Graco.

9. Públio Cornélio Cipião Emiliano, também dito segundo Africano, nasceu por volta de 185 e foi adotado por P. Cornélio Cipião, filho do primeiro Africano (o vencedor de Aníbal). De dotes militares notáveis, Cipião foi eleito cônsul em 147 e, pela segunda vez, em 134, quando sitiou Numância, último centro de resistência a Roma na Espanha, até tomá-la no ano seguinte. Foi amigo íntimo de Lélio e cercou-se de historiadores, literatos e filósofos, donde a designação "círculo cipiônico". Como Lélio, é também um importante interlocutor do *Da república*.

10. Cícero vai relatar uma conversa com Cévola, pouco antes da morte deste em 88, na qual se mencionava um outro diálogo, entre Lélio e seus dois genros no dia seguinte à morte de Cipião Emiliano em 129.

se", e para dar a impressão de que o leitor está na presença dos interlocutores[11].

4. Frequentemente me pedias que escrevesse alguma coisa sobre a amizade; pareceu-me, pois, que seria esse um tema digno do conhecimento de todos e da amizade que nos une. Assim, escrevi o livro não a contragosto, mas a instâncias tuas, para ser útil a muitos. No *Catão, o Velho*, que versava sobre a velhice e foi escrito para ti[12], pus as palavras nos lábios do velho Catão, certo de que ninguém como ele estava apto a tratar do tema porque teve uma longa velhice, e nela se distinguiu de todos. Assim também, tendo ouvido de nossos antepassados ter sido memorável a intimidade de Caio Lélio e Públio Cipião, pareceu-me que o primeiro era a personagem idônea para dis-

---

11. É a mesma técnica da qual Cícero já se serviu no *Do orador* e no *Da república* e que é inspirada pelo *Teeteto* de Platão.

12. Trata-se do *Da velhice (Cato Maior de Senectute)*, composto pouco antes do *Da amizade* (início de 44). No texto, o célebre censor aparece como alguém bastante familiarizado com a cultura grega, imagem algo contraditória com a desconfiança em relação à introdução do helenismo em Roma que marcou sua atividade pública. Marco Pórcio Catão (234-149), uma das figuras mais representativas da tradição romana, nasceu numa família plebeia de agricultores, seguiu para Roma e aí se firmou na vida política; em 195 alcançou o consulado, em 184, a censura; sem cessar conduziu uma batalha em favor do *mos maiorum*, o costume dos antigos, contra as inovações provindas do mundo helênico, que a seu ver corrompiam a vida política e moral romana; entre suas obras figuram um tratado sobre agricultura e uma história de Roma.

correr acerca do que, a propósito da amizade, Cévola dele ouvira e se lembrava[13]. É que esse gênero de dissertações, apoiado na autoridade dos antigos (e dos mais ilustres entre eles), parece adquirir, não sei por quê, mais peso. Eu mesmo, relendo aquela obra, julgo por vezes que quem fala é Catão e não eu. 5. De sorte que, tal como um velho escreveu a outro sobre a velhice[14], eis aqui um livro que o maior dos amigos escreve para seu amigo sobre a amizade. Discorria então Catão, que, em sua época, era o mais velho e o mais sensato de todos eles[15]; agora Lélio, tanto sábio (pois assim era considerado) como eminente pela célebre amizade, fala sobre a amizade. Peço-te que me esqueças por um instante e imagines que o próprio Lélio é quem fala.

Caio Fânio e Quinto Múcio vão ter com o sogro após a morte do Africano; começam a conversação e Lélio lhes responde, tratando exclusivamente da amizade; lendo-o, tu te reconhecerás a ti mesmo.

....
13. Cícero sempre se preocupa em escolher para seus diálogos cenários e protagonistas ao mesmo tempo verossímeis e adaptados ao tema.
14. Em 44, Cícero tinha 62 anos, e Ático, 66.
15. O *Da velhice* data de 150, um ano antes da morte de Catão, que tinha 84 anos.

[Considerações preliminares]

II. 6. FÂNIO. É como dizes, Lélio: ninguém foi melhor nem mais ilustre que o Africano. Mas agora deves reconhecer que todos os olhos se voltam para ti; que só tu és tido e havido como sábio. Há pouco se dava tal nome a Marco Catão[16], e sabemos que Lúcio Acílio[17], no tempo de nossos antepassados, também era considerado sábio. Mas em sentido bem diferente: Acílio, por ser versado no direito civil; Catão, por sua variada experiência, suas opiniões prudentes, sua perseverança, seus ditos espirituosos tanto no Senado como no Fórum – e isso a tal ponto que o título de sábio foi para ele, na velhice, quase um sobrenome. 7. Contigo se dá de outra forma: és sábio tanto pelos dotes naturais e morais quanto pela aplicação e doutrina, não porém no sentido vulgar, e sim no que lhe atribuem geralmente os eruditos. E esse título a ninguém foi dado na Grécia, porquanto os chamados "Sete Sábios"[18] na verdade não o merecem da parte

---
16. Na obra de Cícero, Lélio e Catão são exemplos frequentes da sabedoria romana.

17. Muito provavelmente trata-se do célebre intérprete das XII Tábuas (primeira legislação romana), contemporâneo de Lélio e de Catão, mencionado no *Das leis*, II, 59.

18. Os Sete Sábios viveram entre os séculos VII-VI a.C.: Tales, Sólon, Bias, Quílon, Cleóbulo, Pítaco, Periandro.

dos que examinam essas coisas com crítica mais sutil. Sabemos apenas de um de Atenas, aquele que o oráculo de Apolo considerou "o mais sábio"[19]. Essa é a sabedoria que julgam haver em ti: estás certo de que todos os teus bens estão em ti mesmo e consideras as vicissitudes humanas inferiores à virtude. Por isso me perguntam, e creio que também a Cévola, de que modo suportas a morte do Africano, tanto mais que nas últimas nonas[20], quando nos reunimos nos jardins do áugure Décimo Bruto[21] para costumeiros encontros, não compareceste, tu que com tanta diligência sempre observaste aquela data e aquele compromisso.

8. CÉVOLA. Sem dúvida, Caio Lélio, muitos fazem essa mesma pergunta apresentada por Fânio. Mas posso responder, pelo que pude observar, que suportas com moderação a dor sentida pela morte de um homem notável e grande amigo; que não podias deixar de comover-te, dada a tua hu-

---

19. Alusão a Sócrates que reaparecerá de modo idêntico nos §§ 10 e 13. Na *Apologia de Sócrates*, 21 a, diz Platão: "certa vez, indo a Delfos, [Querefonte] arriscou esta consulta ao oráculo – repito, senhores; não vos amotineis – ele perguntou se havia alguém mais sábio que eu; respondeu a Pítia que não havia ninguém mais sábio" (trad. Jaime Bruna, Pensadores).

20. As nonas eram o sétimo dia dos meses de março, maio, julho e outubro; e o quinto dos meses restantes. A cada mês, nas nonas, os áugures reuniam-se fora da cidade para receber os auspícios.

21. Décimo Bruto, cônsul em 138.

manidade; e que, se não compareceste ao nosso colégio na últimas nonas, isso se deveu à doença e não ao luto.

LÉLIO. Respondeste bem e com verdade, Cévola: o sofrimento não me induziria a faltar a um dever que sempre cumpri quando tinha saúde, nem julgo que haja acontecimento capaz de desviar de seus deveres um homem responsável[22]. 9. Tu, Fânio, quando dizes que me atribuem tanta coisa que não reconheço nem postulo, ages certamente como amigo; entretanto, a meu ver, te enganas com respeito a Catão. Com efeito, ou nunca existiram sábios (e nisso creio mais), ou, se existiu algum, ele foi. Com que coragem, para não citar o resto, suportou a morte do filho! Lembrava-me de Paulo Emílio, tinha visto Galo: mas esses perderam os filhos pequenos, ao passo que o de Catão era homem feito e experiente[23]. 10. Cuida, pois,

---

22. À diferença do estoicismo mais rígido, um sábio pode "comover-se" pela morte de um amigo. A *humanitas*, entretanto, sempre presente no pensamento ético ciceroniano, não implica entregar-se às paixões ou fazer pouco caso do dever (*officium*), cuja preeminência será daqui a pouco assinalada. Cícero comporá o *Dos deveres* bem na sequência do *Da amizade*.

23. Marco Pórcio Catão Liciniano, primogênito de Catão, o Censor, e genro de Paulo Emílio, morreu em 152. Paulo Emílio, pai de Cipião Emiliano, perdera dois filhos, um deles pouco antes, outro pouco depois, de seu triunfo de 168 pela vitória contra Perseu. Caio Sulpício Galo, pretor em 169, cônsul em 166 – nada sabemos acerca de seu filho.

de não antepor a Catão nem mesmo aquele que Apolo, segundo dizes, julgou "o mais sábio": um é louvado pelos feitos, o outro pelas palavras. Quanto a mim, já digo a ambos, assim é que deveis pensar.

III. Se negasse que a morte de Cipião me comove, caberia aos sábios explicar de que modo o faria com justiça; mas decerto estaria mentindo. Pois sinto a perda de um amigo que, a meu ver, jamais será igualado e, posso confirmá-lo, nunca o foi. Não preciso, porém, de remédio[24]: a mim mesmo me consolo, sobretudo por não partilhar o erro daqueles que tanto se angustiam pela perda de um amigo. Penso que nenhum mal aconteceu a Cipião: se aconteceu, foi a mim. Ora, quem se aflige pelos próprios males não ama o amigo, mas a si mesmo. 11. Em verdade, quem poderá dizer que seu destino não foi notável?[25] A menos que quisesse escolher a imortalidade, em que nem sequer pensava, que não obteve ele daquilo que é lícito ao homem escolher? Ele, que na infância deu aos concidadãos as maiores esperanças, mais

---

24. O problema das paixões, com efeito, muito amiúde toma a forma de uma terapêutica da alma; cf. *Tusculanas*, notadamente III e IV.

25. Talvez o retrato de Cipião que se seguirá, discernindo vida privada e carreira política, tenha sido inspirado pela oração fúnebre que Lélio compôs quando da morte do amigo.

fez ainda na adolescência, com inacreditável virtude[26]. Sem jamais pleitear o consulado, foi feito cônsul duas vezes[27]; a primeira, antes da idade legal, a segunda, no devido tempo, mas quase tarde demais para a República[28]. Destruindo duas cidades inimicíssimas de nosso império[29], não só eliminou as guerras de seu tempo como até as futuras. Que dizer de seus costumes brandos, de sua ternura para com a mãe, de sua liberalidade para com as irmãs, de sua bondade para com a família, de seu senso de justiça para com todos? São coisas que sabeis. Quão estimado, porém, foi pelos seus concidadãos, o pranto em seu funeral o revelou. Assim, de que lhe valeria viver um pouco mais? A velhice pode não ser um fardo (lembro-me de que Catão dizia isso mesmo a mim e a Cipião, um ano antes de morrer)[30], mas rouba aquele viço em que Cipião ainda se achava. 12. Portanto, teve em vida fortuna e glória a tal ponto que coisa alguma po-

---

26. Valor atestado desde os 17 anos quando da batalha de Pidna, combatendo ao lado do pai Paulo Emílio.

27. Cônsul em 147 (com apenas 36 anos), embora fosse candidato apenas à edilidade; desgostoso com a incompetência de L. Calpúrnio Piso na África, o povo oferece-lhe o consulado de sua própria autoridade. Ele é reeleito, contra o costume, em 134, de novo sem se candidatar.

28. Isto porque a guerra contra Numância já contava oito anos e impusera aos romanos grandes perdas.

29. Cartago em 146, Numância em 133.

30. Em 150; cf. *Da velhice*, 27-38.

dia lhe ser acrescentada[31]; e, morrendo subitamente, nada sentiu. Qual tenha sido o gênero dessa morte, é difícil dizer; sabeis que pairam suspeitas[32]. Mas, sem dúvida, é lícito afirmar que entre tantos dias que Públio Cipião viveu, feliz e célebre, o mais brilhante foi aquele em que, no fim da sessão do Senado, foi conduzido para casa, à tardinha, pelos senadores, pelo povo romano, pelos aliados e pelos latinos. Isso se deu na véspera de seu falecimento e, como acabava de deixar tão eminente cargo, mais parece que subiu para junto dos deuses celestes do que desceu até os habitantes dos infernos. IV. 13. Não concordo com aqueles que, há pouco, começaram a expor em conferências que a alma perece com o corpo e a morte tudo destrói[33]. Para mim vale mais a autoridade dos antigos ou a dos nossos antepassados, que tributavam aos mortos direitos tão veneráveis, os quais decerto não tributariam se julgassem que nada dissesse respeito a eles. Vale mais a autoridade dos homens que viveram na Magna Grécia,

---

31. Ou seja, possuía em máximo grau aquilo que constitui o apanágio do grande general romano: *fortuna* e *gloria* (nutrida pela *uirtus*).

32. Menção dos rumores de homicídio que rondavam a morte súbita de Cipião, no dia seguinte de uma vitória no Senado contra o partido popular.

33. Os epicuristas, cujas teses haviam se difundido em Roma.

hoje arruinada, mas então florescente, e que civilizaram com a sua legislação e doutrina[34]. Vale mais, enfim, a autoridade daquele que foi julgado "o mais sábio" pelo oráculo de Apolo, o qual nesse ponto não sustenta essa ou aquela opinião, como costumava fazer[35], mas afirma sempre que as almas humanas são divinas e, quando se apartam do corpo, voltam para o céu, onde vão ter imediatamente os melhores e mais justos[36]. 14. Assim pensava também Cipião, que, como se o adivinhasse, poucos dias antes de sua morte, em presença de Filo, Mânlio[37] e muitos outros (e na tua também, Cévola, pois que me acompanhavas), discorreu durante três dias sobre a República e consagrou o fim de sua exposição à imortalidade da alma, narrando o que afirmava ter ouvido do Africano, o

---

34. Os pitagóricos, que defendiam a transmigração das almas.

35. A autoridade de Sócrates surge bem mais forte contanto que não submetido ao método aporético, no qual se inspirava a Nova Academia, que desembocava no ceticismo.

36. A doutrina socrática da imortalidade da alma aparece no *Fédon* de Platão; deste, ver ainda *Fedro*, 81 a, retomado por Cícero no *Da república*, VI, 17, passagem em que Cipião Emiliano dirige-se a seu avô adotivo, o Africano: "... se os que bem merecem da pátria encontram abertas as portas da verdadeira glória, eu, que desde a minha infância segui as pegadas de meu pai e as tuas, para tornar-me digno do vosso nome, serei muito mais cuidadoso nesse propósito, com a esperança de tão alta recompensa!" (trad. Amador Cisneiros, Pensadores).

37. Lúcio Fúrio Filo, cônsul em 136; Mânio Mânlio, cônsul em 149. Ambos personagens do *Da república*, diálogo que é aqui invocado.

qual ele vira em sonhos[38]. Se é verdade que, por ocasião da morte, as almas dos melhores são aquelas que mais facilmente se evolam, por assim dizer, das cadeias do corpo e dos laços que este lhes impõe[39], quem terá, segundo nossa opinião, alçado voo para junto dos deuses com mais presteza que Cipião? Portanto, lamentar sua sorte seria, receio eu, antes invejá-lo que amá-lo. E, se os outros têm razão, se o mesmo fim aguarda o corpo e a alma, se nenhum sentido subsiste, então certamente a morte não é um bem, mas pelo menos não será um mal. Quem nada mais sente é como se jamais houvesse nascido; mas para nós é uma felicidade que ele tenha nascido, e nossa cidade se rejubilará com isso enquanto durar. 15. Assim, pois, como já disse, ele foi favorecido pela sorte, enquanto eu fui tratado com desvantagem: cheguei primeiro, deveria ser o primeiro a partir. Entretanto, quando me vem à mente a amizade que nos unia, tal é minha satisfação que julgo ter sido venturoso, uma vez que convivi com Cipião. Com

---

38. Referência ao "Sonho de Cipião", colocado no livro VI do *Da república* como conclusão da obra. Nele Cipião Emiliano encontra o pai, Paulo Emílio, e o avô adotivo, Cipião, o primeiro africano.

39. Ver Platão, *Fedro*, 67 d; e Cícero, *Da república*, VI, 7, quando Paulo Emílio fala a seu filho Cipião Emiliano: "... vivem só aqueles que os vínculos do corpo conseguiram romper como as grades de uma prisão; verdadeiramente, não passa de morte o que chamais de vida" (trad. cit.).

ele dividi preocupações políticas e da vida privada; com ele atravessei tempos de paz e de guerra. E, o que constitui a essência de toda amizade, nossas preferências, gostos e princípios se harmonizavam perfeitamente[40]. De sorte que não é a reputação de sabedoria, lembrada há pouco por Fânio, que me deleita, pois a considero falsa; deleita-me a esperança de que nossa amizade permaneça lembrada para sempre, tanto mais que, em todos os séculos, só podem ser mencionados uns três ou quatro pares de amigos[41]. Eis o grau – acredito poder esperar isso – que atingirá a notória amizade de Cipião e Lélio na posteridade[42].

[Exposição de Lélio]

16. FÂNIO. Lélio, assim são as coisas. Mas como falaste da amizade e estamos desocupados,

---

40. Elemento essencial da definição de amizade a ser retomado nos §§ 20, 61, 92, 100.

41. Alusão a amizades heroicas celebradas nas lendas: Aquiles e Pátroclo, Orestes e Pílades, Teseu e Pirítoo, Dámon e Fíntias. Cícero as mencionará também noutras ocasiões: *Dos fins*, I, 65; II, 79; V, 63; *Tusculanas*, V, 63; *Dos deveres*, III, 45.

42. Tema frequente em Cícero durante o período de dramas políticos e privados: a esperança de ser lembrado pelos pósteros é uma forma de imortalidade consoladora; cf. § 102.

imenso prazer me darias, assim como a Cévola decerto, se, ao discorrer sobre esse assunto como fazes com todos os demais, nos dissesses o que pensas da amizade, como a avalias, quais preceitos lhe dás[43].

CÉVOLA. Com muito gosto. Na verdade ia tratar do assunto contigo, quando Fânio se antecipou a mim. Portanto, grande prazer nos darás a ambos.

[O tema]

V. 17. LÉLIO. Eu não me recusaria se confiasse em mim mesmo, pois o tema é excelente, e, como disse Fânio, gozamos de lazer. Mas quem sou eu e que competência tenho? Os doutos costumam, sobretudo os gregos, falar prontamente de tudo o que lhes é proposto[44]. Pesada tarefa, que exige proficiência nada desprezível. Assim, no que respeita à amizade, recorrei se quiserdes a esses especialistas; eu só posso exortar-vos a antepor a amiza-

---

43. Fânio pede a Lélio um estudo filosófico sobre a questão da amizade. Os estudiosos discutem acerca da presença em Cícero de uma tripartição expositiva de matriz aristotélica; sobre a divisão das partes, ver ainda o plano de certo tratado sobre a dor evocada no *Dos fins*, IV, 23.

44. Era esta uma prática comum aos sofistas e reabilitada por Cícero após ser adotada pelos Acadêmicos com fins filosóficos; cf. *Dos fins*, II, 1.

de a todas as coisas humanas, pois nada há que tanto se conforme à nossa natureza, nem convenha mais à felicidade ou à desgraça[45].

18. Penso, em primeiro lugar, que só entre os bons pode haver amizade[46]. Nisso não exagero, como o fazem aqueles que tratam de tais questões com sutileza, verdadeira talvez, mas pouco útil ao bem de todos: negam, de fato, que um homem possa ser bom se não for sábio. Seja assim, mas consideram uma sabedoria que nenhum mortal pode alcançar. Nós, porém, contamos com aquelas coisas comuns na vida cotidiana, não com as imaginadas ou sonhadas[47].

Jamais afirmarei que foram sábios, à maneira desses doutos, Caio Fabrício, Mânio Cúrio e Tibério Coruncânio[48], que no entanto assim eram conside-

---

45. O plano expositivo escolhido por Lélio parece inspirar-se nos estoicos, que demonstravam suas teses relativas ao "fim" (*télos*) da ação humana, identificado à virtude, sob duas perspectivas: a conformidade com a natureza e o acabamento da felicidade.

46. A definição é caudatária de uma antiga tradição que remonta a Platão (*Lísis* e *Banquete*) e Aristóteles (*Ética nicomaqueia*, VIII e IX), e que é seguida pelos estoicos, para os quais a verdadeira e perfeita amizade é característica essencial apenas dos sábios; cf. Diógenes Laércio, *Vidas e doutrinas dos filósofos ilustres*, VII, 124. Observe-se que "bons" (*boni*) traduz o grego *spoudaioi* dos estoicos, mas no vocabulário ciceroniano tem a conotação de "pessoas, homens de bem", os pertencentes às classes proprietárias.

47. A crítica dirige-se ao estoicismo.

48. Lélio cita três figuras da tradição arcaica romana, do século III, unidas pela amizade: Caio Fabrício Luscino, cônsul em 282 e 278, famoso

rados por nossos maiores. Que conservem para si mesmos o obscuro e invejado título de sábios, mas concordem que aqueles foram homens de bem. Ora, nem mesmo isso farão, alegando que tal título só se atribui ao sábio. 19. Tratemos do assunto, pois, com o nosso critério tosco, como dizem. Aqueles que se comportam, vivem de tal modo que se comprova sua fidelidade, integridade, equidade e liberalidade; não há neles nem cobiça, nem libertinagem, nem audácia, e possuem uma grande constância[49], como os que há pouco mencionei, todos esses foram considerados homens bons e, a meu ver, devemos também dar-lhes tal título, pois seguiram na medida do possível a natureza, o melhor guia para viver bem.

[A amizade é conforme à natureza]

A mim parece, com efeito, que a natureza nos moldou para vivermos em sociedade e tais laços

---

pela honestidade e incorruptibilidade diante de Pirro, que preparava uma traição; Mânio Cúrio Dentato, cônsul em 290 e 274, vencedor da guerra contra Pirro; Tibério Coruncânio, cônsul em 280, jurista famoso, comandante contra os etruscos.

49. Duas grandes virtudes, justiça (§ 11) e temperança, traçam o retrato do homem de bem: o equilíbrio da virtude na relação com outrem e o domínio de si são aspectos essenciais da sabedoria prática celebrada no parágrafo anterior. Elas serão retomadas no § 82.

se estreitam na medida em que estamos mais próximos uns dos outros. Preferimos assim os concidadãos aos estrangeiros, os parentes aos estranhos[50]. Entre parentes existe, de fato, uma amizade criada pela própria natureza, mas falta-lhe suficiente firmeza.

Pois na amizade baseada no parentesco a benevolência pode desaparecer deste, mas não da amizade; e, desaparecida a benevolência, desaparece o nome da amizade, enquanto o do parentesco subsiste. 20. Quão forte seja a amizade, vemo-lo perfeitamente ao observar que, das relações infinitas dos seres humanos, formadas pela natureza, a verdadeira amizade separa uma sociedade limitadíssima, de sorte que a afeição se restringe a duas pessoas, ou poucas mais[51]. VI. Pois a amizade nada mais é que o acordo perfeito de todas as coisas divinas e humanas, acompanhado de benevolência e afeição, e creio que, exceto a sabedoria, nada de melhor receberam os homens dos deuses[52]. Uns preferem a riqueza, outros a saúde,

---

50. Esta teoria reaparecerá no início do *Dos deveres*.
51. Com tal restrição, o campo da *amizade* é delimitado com mais precisão e dele são excluídas as relações sociais e políticas que lhe são mormente associadas pelo termo latino.
52. Ideia também surgida nos §§ 47 e 104. Cf. Platão, *Timeu*, 47 b, texto traduzido por Cícero e que fala da filosofia: "o bem mais precioso que o gênero humano recebeu ou pode receber da generosidade dos

outros ainda o poder e as honras, muitos os prazeres. Esta última preferência é digna dos animais, e os outros bens mencionados são frágeis e incertos, pois dependem menos de nós do que do acaso. Aqueles, porém, que estabelecem na virtude o sumo bem pensam realmente com muito acerto, mas é precisamente a virtude que engendra e sustenta a amizade[53], de modo que esta sem a virtude é impossível[54].

21. Entendamos a virtude a partir de nossos costumes de vida e de nosso modo de falar e não a julguemos pelo brilho das palavras, como certos filósofos[55]. Contemos por homens de bem aqueles que são tidos como tais, os Paulos, os Catões, os Galos, os Cipiões, os Filos. A virtude deles basta à vida comum; deixemos de lado os que jamais, em parte alguma, podem ser encontrados.

----

deuses". Frequentemente Cícero faz referência a esta passagem: *Das leis*, I, 58; *Acadêmicos*, I, 7; *Tusculanas*, I, 64.

53. Anunciam-se as duas grandes partes da exposição de Lélio: a origem da amizade (§§ 26-32) e sua conservação (§§ 33-100).

54. Concebia-se a amizade entre os estoicos como intermediária entre a virtude e as coisas indiferentes, já que ela é digna de ser buscada por si mesma (cf. *Dos fins*, III, 70). Lélio refaz a graduação ao identificar a amizade à própria virtude (aquela deriva desta), acentuando assim seu valor (cf. §§ 27-28, 80-83, 100).

55. Os estoicos ortodoxos, que sustentavam uma definição de virtude que Cícero considerava excessivamente rígida.

[Amizade na felicidade e na adversidade]

22. Portanto, a amizade que existe entre homens desse porte oferece tamanhas vantagens que mal posso enumerá-las[56]. Em primeiro lugar, como diz Ênio[57], pode-se realmente "viver a vida" sem conhecer a felicidade de encontrar num amigo os mesmos sentimentos[58]? Que haverá de mais doce que poder falar a alguém como falarias a ti mesmo? De que nos valeria a felicidade se não tivéssemos quem com ela se alegrasse tanto quanto nós próprios? Bem difícil te seria suportar adversidades sem um companheiro que as sofresse mais ainda. Enfim, todos os bens desejados pelo homem apresentam, cada qual, uma vantagem específica: as riquezas são para serem usadas; os recursos, para alcançar consideração; as honras, para obter louvor; os prazeres, para serem gozados; a saúde, para não se sofrerem dores e para satisfazer às ne-

---

56. O tema da conformidade com a natureza foi tratado segundo a categoria do *honestum*, já o da felicidade o será segundo a categoria do *utile*; ou seja, dois elementos essenciais do gênero retórico "deliberativo".

57. Quinto Ênio (239-169) foi dos maiores poetas romanos da época arcaica, autor de numerosas obras, entre elas tragédias e um poema épico em que narrava a história de Roma. Para o trecho citado, cf. *Incerta*, fr. 7, ed. Vahlen.

58. Também Aristóteles já afirmara na *Ética nicomaqueia* (VIII, 1; X, 9) a necessidade humana de ter amigos; o grego contudo adotava uma perspectiva mais prática ao passo que Lélio evoca aqui relações sentimentais.

cessidades da vida física⁵⁹. Ora, a amizade encerra em si inumeráveis utilidades. Para onde quer que te voltes, lá está ela a teu alcance; não há lugar onde não esteja; nunca é intempestiva, nunca é molesta. Por isso, nem o fogo nem a água, como se diz, são usados em tantos lugares quanto a amizade⁶⁰. E aqui não falo da amizade vulgar e medíocre, que no entanto, ela própria, deleita e é útil: falo da amizade verdadeira e perfeita⁶¹, como a conheceram os poucos que acima nomeei. Pois a amizade faz a felicidade mais esplêndida e, pela partilha e comunicação, ameniza a adversidade. VII. 23. Eis, pois, que a amizade apresenta vantagens muito numerosas e importantíssimas; mas a que a todas ultrapassa é a de inspirar uma doce confiança no futuro sem permitir que os ânimos desfaleçam ou sucumbam⁶². Assim, quem contempla um

---

59. É retomada a enumeração dos bens exteriores (cf. § 20), mas agora examinando-os segundo a utilidade.

60. Aos exilados penitenciados pela *aqua et igni interdictio* era proibida justamente a livre utilização desses dois recursos que cumprem necessidades básicas da vida, de modo a simbolicamente excluí-los da comunidade humana (foi o caso de Cícero em 58).

61. A menção à amizade "verdadeira e perfeita" retoma a *teleia philia* de Aristóteles (*Ética nicomaqueia*, VIII, 6; 2) e a *alethés philia* de Platão (*Lísis*, 214 d).

62. Em vista da construção retórica (cf. § 21) e de sua preocupação com a vida concreta, Lélio trata da utilidade da amizade, tomando porém o cuidado de se diferenciar de teorias como as dos epicuristas, que fundam a amizade sobre as vantagens que possam dela tirar; cf. §§ 30, 51, 100.

amigo verdadeiro contempla como que uma imagem de si mesmo[63]. Eis por que os ausentes se fazem presentes, os pobres se tornam ricos, os fracos ganham robustez e, o que é mais difícil de dizer, os mortos recobram vida: de tanto inspirarem estima, recordação e saudade a seus amigos. Assim, uns parecem ter encontrado felicidade na morte, outros vivem uma vida digna de louvor[64].

[Amizade e natureza]

Por outro lado, se suprimirmos da natureza o vínculo da benevolência, nem casa nem cidade ficarão de pé, a própria agricultura deixará de existir. Se isso não estiver claro, poderemos descobrir a força da amizade e da concórdia pelas dissensões e discórdias. Com efeito, que família é suficientemente sólida, que cidade é bastante estável para impedir que ódios e querelas as destruam de alto a baixo? Eis o que nos permite avaliar o benefício da amizade.

63. Esta imagem da amizade como reflexo de si mesmo é devida a Aristóteles, *Magna Moralia*, 2, 15.
64. Os amigos sobreviventes são dignos de elogio porque são eles que mantêm a lembrança que confere aos mortos uma forma de imortalidade; cf. §§ 15, 102.

24. Houve mesmo, em Agrigento[65], um sábio que, em poemas escritos em grego, proclamava que tudo o que existe e se move na natureza é unido pela amizade e desagregado pela discórdia. Trata-se aqui de uma verdade que os mortais compreendem e os fatos demonstram. Por isso, se há algum trato de fidelidade entre amigos em afrontar ou dividir os perigos, quem não tributará a isso os maiores elogios? Que gritos de entusiasmo suscitou há pouco, no teatro, a última peça de meu hóspede e amigo Marco Pacúvio[66], ao mostrar diante do rei que ignorava qual dos dois era Orestes, afirmando Pílades ser Orestes, a fim de morrer em lugar do amigo, ao passo que Orestes repetia incessantemente que ele sim, na verdade, era Orestes[67]! O público se levantou para aplaudir essa ficção: que não faria então em presença da realidade? A natureza humana por si mesma revelava facilmente

---

65. Alusão a Empédocles, filósofo que viveu no século V a.C. Para ele, todas as mudanças são devidas às relações entre os quatro elementos (fogo, ar, terra, água), as quais se dão pela discórdia, princípio de dissociação que desfaz os compostos, ou pela amizade, princípio de reunificação que faz nascer as coisas e sustenta sua coesão.

66. Marco Pacúvio (ca. 200-ca. 130), sobrinho de Ênio, foi poeta e pintor, autor de sátiras e dramas, e viveu em Roma no círculo familiar de Lélio como "hóspede", ou seja, alguém recebido com hospitalidade, mas que não possui a cidadania romana.

67. Orestes e Pílades foram presos juntos ao tentar roubar uma estátua de Ártemis pertencente ao rei de Táurida.

sua força, pois homens incapazes de semelhante ato admiravam-no em outros.

Creio que isso basta para expor minhas ideias a respeito da amizade. Se ainda resta algo a dizer – e creio que fica muito – perguntai-o, peço-vos, a quem costuma tratar de semelhantes assuntos.

25. FÂNIO. Preferimos perguntá-lo a ti mesmo. É claro, tenho recorrido muitas vezes a tais pessoas, ouvindo-as não sem agrado. Teu modo de dissertar, no entanto, é diferente[68].

CÉVOLA. Melhor o dirias, Fânio, se tivesses estado presente há pouco no parque de Cipião, quando se falava a propósito da vida pública. Que advogado a justiça encontrou em Lélio contra o discurso esmerado de Filo![69]

FÂNIO. Sem dúvida foi fácil, para homem tão justo, defender a justiça.

CÉVOLA. Mas quanto à amizade? Não será também fácil defendê-la para quem tamanha glória alcançou cultivando-a com suma fidelidade, constância e justiça?[70]

---

68. Cícero relembra aqui o gosto de Fânio pela filosofia grega (cf. § 7), e é o próprio quem sublinha a diferença entre a exposição de Lélio e as lições dos filósofos.

69. Referência ao *Da república* (III), em que Filo resume a argumentação de Carnéades contra a justiça; Lélio é quem responde ao discurso.

70. Com o recurso dessa troca de palavras entre os dois genros, Cícero rompe a monotonia da exposição e ao mesmo tempo marca o forte

[Por que se procura a amizade]

VIII. 26. LÉLIO. Mas isso é realmente fazer-me violência! Não importa, com efeito, a natureza da coação se, no final, acabais me coagindo. Quando meus genros exprimem um desejo, principalmente sendo nobre o seu propósito, é difícil resistir-lhes – nem seria justo fazê-lo[71].

Com frequência, refletindo sobre a amizade, parece-me que a questão capital é descobrir se são a fraqueza e a necessidade que induzem o homem a procurá-la; ou a esperança de uma troca de serviços que permita a alguém obter de outrem, para depois devolver-lhe, aquilo que se julga incapaz de obter sozinho[72]; ou se isso não passa de uma simples propriedade da amizade, cuja causa reside em outra parte, mais remota, mais bela, oriunda diretamente da própria natureza. Pois o amor, que dá nome à amizade[73], é o primeiro impulso

---

elo entre a exposição e a experiência vivida, o que dá ao diálogo uma dimensão existencial que o distingue de uma simples dissertação escolar.

71. A sequência da discussão apresenta-se, pois, como a satisfação de um dever de *amizade*. Evocando a "coação", termo jurídico que se refere aos processos por violência, o texto lembra o caráter oratório que Lélio quer dar a sua exposição (cf. § 17).

72. É a tese dos epicuristas.

73. A mesma etimologia será retomada no § 100, e já apareceu no *Dos fins*, II, 78, com o objetivo de criticar a concepção utilitarista da amizade defendida pelo epicurismo. Com efeito, diz-se no § 19: "desaparecida a benevolência, desaparece o nome da amizade".

que conduz à benevolência. Quanto às vantagens, sucede que sejam obtidas até mesmo de pessoas para com quem se simula a amizade em certas circunstâncias. Ora, na amizade não há simulação nem fingimento algum: a amizade é tudo aquilo que é verdadeiro e voluntário[74]. 27. Penso, pois, ser a natureza e não a indigência a fonte da amizade, uma propensão da alma acompanhada por um sentimento de amor, nunca o cálculo do proveito que dela se auferirá.

[Afirmação]

Essa é uma verdade que podemos constatar até em alguns animais, naqueles que amam os filhotes por algum tempo e por eles são amados, de modo que os sentimentos deles facilmente se evidencia. E evidencia-se ainda mais nos homens, primeiro pela afeição que une pais e filhos, a qual só um crime abominável pode destruir; em seguida, quando um afeto parecido brota em nós diante de uma pessoa cujos costumes e caráter correspondem aos nossos, pois então julgamos ver brilhar nela, por assim dizer, a honestidade e a virtude. 28. Nada,

---

74. A questão da sinceridade será tratada nos §§ 88-100.

com efeito, é mais amável que a virtude, nada mais aliciante para o amor. Por isso, de algum modo, a virtude e a honestidade nos fazem amar até mesmo as pessoas que não conhecemos. Quem evocará Caio Fabrício ou Mânio Cúrio[75] sem sentir por eles certa estima e afeto, embora nunca os tenha visto? Ao contrário, quem não detestará Tarquínio, o Soberbo, Espúrio Cássio ou Espúrio Mélio[76]? Dois generais disputaram o domínio da Itália, Pirro e Aníbal. A lealdade do primeiro impede que sintamos muita aversão por ele, a crueldade do segundo fá-lo-á objeto eterno do ódio de nossa cidade[77]. IX. 29. Se, pois, tão grande é o poder da virtude que a estimamos em pessoas desconhecidas e, coisa mais notável, até nos inimigos, é de admirar que nós nos arrebatemos quando acreditamos ver virtude e probidade naqueles a quem podemos nos ligar? Sem dúvida, o amor se consolida quando um serviço é prestado, o devotamento

---

75. Sobre Fabrício e Cúrio, cf. § 18.

76. Tarquínio, o Soberbo: último rei etrusco de Roma; segundo a tradição, seu caráter tirânico culminou em sua expulsão por Bruto em 509 e a instituição da República. Espúrio Cássio Vecelino e Espúrio Mélio: ambos foram acusados de desejar tomar o poder do reino e condenados à morte; o primeiro em 486, o segundo em 439.

77. A guerra contra Pirro deu-se entre 282-272; contra Aníbal, entre 219-201. Idêntica comparação entre os dois aparece no *Dos fins*, I, 38, quando se trata da guerra justa.

se manifesta, as relações se tornam habituais[78]; mas, quando tudo isso vem se juntar ao primeiro impulso de uma alma amante, a afeição ganha toda a sua amplitude e arde em nós com admirável intensidade.

[Refutação]

Ao contrário, julgar que ela provém da debilidade, do desejo de ter alguém que realize o que queremos é rebaixar e, ouso dizê-lo, enxovalhar as origens da amizade, pois assim a fazemos derivar da inopia e da indigência[79]. E, por assim dizer, aqueles que se julgassem menos providos de recursos seriam os mais aptos à amizade. Mas não acontece desse modo. 30. Com efeito, os que sempre procuram conquistar e conservar amigos são justamente aqueles que mais confiança têm em si próprios, que mais contam com seu valor e sabe-

---

78. Em verdade, a prática e a utilidade recíproca só aparecem como confirmação do movimento primeiro da amizade, que nasce somente do amor (cf. § 26: "o amor... é o primeiro impulso que conduz à benevolência").

79. Este passo sustenta a necessidade de uma origem nobre, generosa do sentimento. Trata-se de uma exigência constante em Cícero e de todo contraposta às teses epicuristas, em particular no caso da definição de fim; cf. *Dos fins*, II.

doria, a ponto de não precisar de ninguém e julgar que já possuem tudo[80]. Como?! O Africano precisava de mim? Claro que não, por Hércules! Nem eu precisava dele. Mas admirava sua virtude e ele, por sua vez, amava-me por apreciar meus costumes devido à opinião que fazia dele. Daí nasceu a amizade, e o estreitamento de nossas relações aumentou o afeto mútuo[81]. Disso resultaram, não o nego, numerosos e importantes benefícios, mas não foi a esperança de alcançá-los que originou nosso afeto. 31. Quando prestamos um serviço ou nos mostramos generosos, não exigimos recompensas[82], pois um préstimo não é um investimento[83]. A natureza é que inspira a generosidade, por isso acreditamos que não se deve buscar a amizade com vistas ao prêmio, mas com a convicção de que esse prêmio é o próprio amor que ela desperta. 32. Os filósofos que, como os animais, tudo atribuem ao prazer nem de longe partilham seme-

---

80. Note-se que o homem de bem assume características próprias do sábio, especialmente a autonomia, embora despida do rigorismo estoico.

81. Acerca do desenvolvimento progressivo da amizade, cf. § 62.

82. Tal como antes já se restringiu o campo da *amizade*, considerada como "a verdadeira amizade" (cf. §§ 22-23), desse mesmo campo é agora excluída a busca do reconhecimento (*gratia*) como motivação: nem as relações sociais e políticas nem a *gratia* constituem a verdadeira amizade.

83. Aristóteles, *Ética nicomaqueia*, IX, 7, já examinara e criticara o paralelo entre a ação prestimosa e o ganho material; cf. ainda § 58.

lhantes ideias[84]. Não há aqui o que admirar: nada de nobre, grandioso e divino está ao alcance de quem rebaixa de tal modo os seus pensamentos a um assunto tão vil e tão desprezível[85].

Afastemos, pois, essa gente para longe do nosso diálogo e tenhamos em mente que a natureza é que gera o sentimento do amor, e o ardor da benevolência se evidencia, de algum modo, na virtude do amigo. Os que a procuram se aproximam e se unem no gozo do convívio e do caráter daqueles que principiaram a amar, a fim de se mostrarem iguais na afeição que os liga e mais propensos a dar que a receber, estabelecendo assim, entre si, uma disputa honrosa. Eis como a amizade propicia as maiores vantagens, estando sua origem mais verdadeira e mais profunda na natureza, não na indigência. Pois, se as vantagens estreitassem os laços da amizade, esses se desatariam quando aquelas cessassem[86]. Todavia, como a natureza não pode mudar, as verdadeiras amizades são eternas. Ten-

---

84. Trata-se dos filósofos epicuristas, cuja crítica já se preparava no § 20: a preferência pelos prazeres é "digna dos animais".

85. Quanto à crítica aos princípios epicuristas, ver ainda o § 29.

86. Cf. Aristóteles, *Ética nicomaqueia*, VIII, 4, 2: "Os que são amigos por causa da utilidade separam-se quando cessa a vantagem, porque não amavam um ao outro, mas apenas o proveito" (trad. L. Vallandro e G. Bornheim, Pensadores). Surge aí o tema da duração e da conservação da amizade, a ser tratado adiante.

des aí, então, as origens da amizade, a menos que queirais apresentar objeção.

FÂNIO. Continua, Lélio. Respondo também por Cévola, que é mais novo, e tenho esse direito.

33. CÉVOLA. Fazes bem. Ouçamos então.

[Conservação da amizade]

X. LÉLIO. Sim, amigos de valor, ouvi as ideias que Cipião e eu tantas vezes trocamos a respeito da amizade.

Apesar do que acabo de dizer, ele pensava que nada é mais difícil do que conservar uma amizade até o último dia da vida[87]. Com efeito, chega um momento em que os interesses de dois amigos já não coincidem ou suas posições políticas se diferenciam. Frequentemente também, observava ele, os comportamentos modificam-se sob o peso da desgraça ou da idade. Dava como exemplo a evolução semelhante que faz com que, no começo da vida, os amores tão vivos de nossa infância sejam postos de lado juntamente com a toga pretexta[88].

---

87. De fato, as "verdadeiras amizades", apoiadas sobre a imutabilidade da natureza, são excepcionais; por isso a sequência será marcada pelas preocupações relacionadas à prática comum; cf. § 38.

88. Sobre a toga pretexta, cf. § 1. Sobre a fragilidade das amizades de infância, cf. § 74; cf. Aristóteles, *Ética nicomaqueia*, VIII, 3, 5: as amizades

34. E, quando duram até a adolescência, costumam ser abalados quer por rivalidades suscitadas por um projeto de casamento, quer por uma vantagem que ambos não possam compartilhar. Quanto aos que, por mais tempo, persistem na amizade, veem-na frequentemente ameaçada pela disputa de alguma magistratura. É que, para a amizade, não existe flagelo pior que o desejo de dinheiro na maioria dos homens ou a disputa de cargos e glória da parte dos melhores. Isso gera, e não raro, viva discórdia entre amigos que antes se estimavam profundamente. 35. Surgem também grandes desavenças e muitas vezes justas, quando pedimos a um amigo o que não é lícito pedir-lhe, como se tornar instrumento da luxúria ou cúmplice duma injustiça. Procedem bem os que o recusam, embora sejam acusados de traição ao direito da amizade por aqueles com quem não querem condescender. E os que ousam pedir tudo a um amigo dão a entender, com esse próprio pedido, que tudo estariam dispostos a fazer por causa do amigo. Suas queixas não somente extinguem os melhores relacionamentos, mas também engendram ódios eternos. Aí estão, por assim dizer, as fatalidades que

---

entre jovens nascem do prazer e ligam-se eventualmente ao amor, o que as faz instáveis.

ameaçam as amizades, tão numerosas que, para escapar a todas, não basta a sabedoria: segundo Cipião, é preciso também o concurso da sorte[89].

[Os limites da amizade: o respeito à virtude]

XI. 36. Se vos apraz, vejamos então até onde o amor deve ir na amizade. Por acaso, se Coriolano tivesse amigos, deveriam esses empunhar armas contra a pátria juntamente com ele[90]? Quando Vecelino e Mélio aspiraram à tirania, deveriam seus amigos apoiá-los[91]? 37. Quando Tibério Graco abalou a República, vimo-lo abandonado por Quinto Tuberão e pelos amigos da mesma ida-

---

89. Como em outros pontos, há aqui uma reformulação das concepções estoicas de sabedoria: mesmo o sábio depende de algo que lhe é exterior, a sorte. A concepção de Lélio situa o sábio em meio aos percalços da vida, especialmente da vida pública romana.

90. Cneu Márcio Coriolano venceu os volscos, aos quais tomou Corioli (daí seu sobrenome) em 491. Em 489-488, quando da luta entre patrícios e plebeus, foi exilado e juntou-se a seus antigos inimigos, os volscos, os quais liderou contra a própria pátria. Já perto de Roma, foi dissuadido pelos pedidos da mãe e da irmã e bateu em retirada. Por esta atitude, foi condenado à morte pelos volscos.

91. Sobre Vecelino e Mélio, cf. § 28. Em razão da guerra civil, o assunto ganhara importância crucial e já nas cartas de Cícero a Ático aparecia a reflexão sobre os exemplos históricos – Coriolano, Temístocles (sobre este, cf. § 42) – de homens que empunharam armas contra a própria pátria ou se juntaram aos inimigos dela (cf. *A Ático*, VII, 11, 3; IX, 10, 3).

de⁹². Mas Caio Blóssio de Cumas, hóspede de tua família, Cévola⁹³, veio até mim para suplicar, quando eu fazia parte do conselho dos cônsules Lenas e Rupílio⁹⁴, minha indulgência, explicando sua conduta e a admiração que Tibério Graco lhe inspirava, tão intensa que se julgava obrigado a atender a todos os seus desejos. Eu respondi: "Mesmo que ele te pedisse para deitar fogo ao Capitólio?" "Isso", replicou, "ele jamais quereria; mas, se o quisesse, eu obedeceria."⁹⁵ Vede que palavras ímpias! E, por Hércules, fez isso e muito mais, pois não só obedeceu à temeridade de Tibério Graco como a instigou, tornando-se não só seu companheiro de insânia como seu chefe. E, aterrorizado com o inquérito extraordinário instituído devido a esse seu

....
92. Tibério Semprônio Graco, filho do homônimo genro do primeiro Africano, foi tribuno da plebe em 133; apresentou uma lei agrária que provocou a ira dos aristocratas, que a consideraram lesiva aos seus interesses; buscou reeleger-se tribuno no ano seguinte, mas foi declarado inimigo público e assassinado num tumulto provocado pela aristocracia. Quinto Élio Tuberão, sobrinho de Cipião, tribuno da plebe em 130, tomou posição contra Tibério Graco.
93. Caio Blóssio de Cumas, filósofo estoico, ardente defensor das reformas de Tibério Graco. Era "hóspede" (cf. § 24) na família de Cévola porque os habitantes de Cumas, município de Roma desde 334, não haviam recebido a cidadania romana.
94. Públio Popílio Lenate e Públio Rupílio, cônsules em 132. O primeiro promoveu uma perseguição dos partidários de Tibério Graco.
95. Era costume em Roma consultar pessoas eminentes por seu saber e autoridade a fim de guiar a própria ação.

desatino, fugiu para a Ásia e se juntou aos inimigos, pagando o crime que cometera contra o Estado com um castigo cruel, mas justo. Portanto, não seja desculpa para a má ação declarar que o mal foi feito para ajudar um amigo: uma vez que os laços de amizade nascem da estima pela virtude, é difícil que a amizade sobreviva se não permanecermos na virtude[96]. 38. E, se porventura estabelecermos o princípio de conceder aos amigos o que quiserem e deles obter o que quisermos, seremos perfeitos sábios se o fizermos sem injustiça. No entanto, falamos dos amigos que vemos, dos quais nos fala a tradição, daqueles que encontramos no dia a dia[97]; neles devemos buscar nossos modelos, sobretudo quando mais se aproximam da sabedoria. 39. Temos conhecimento, pois nossos antepassados o disseram, de que Emílio Papo e Luscino[98] foram grandes amigos, duas vezes cônsules ao mesmo tempo e colegas no cargo de censor. Além disso, as estreitas relações que

---

96. A virtude é fonte essencial de uma amizade perene, ainda que não baste para assegurá-la; cf. § 35. Sem garantia da virtude, a amizade torna-se apenas uma paixão nascida do apego (*amor*).

97. Trata-se da definição (não estoica) da sabedoria em que se apoia o argumento de Lélio; cf. §§ 18, 21, 100.

98. Quinto Emílio Papo, cônsul em 282 e 278, censor em 275. Sobre Luscino e ainda Cúrio e Coruncânio, mencionados logo abaixo, cf. §§ 18 e 28.

mantinham com Mânio Cúrio e Tibério Coruncânio, também muito ligados entre si, chegaram ao conhecimento da posteridade. Por isso, nem sequer podemos imaginar que um deles tenha exigido do outro algo de contrário à lealdade, à palavra empenhada, aos interesses da República[99]. É que, em se tratando de homens desse quilate, torna-se inútil dizer que quem pedisse coisa semelhante nada obteria, pois eram homens honrados, sendo igual crime atender a semelhante pedido e apresentá-lo. Já Tibério Graco era acompanhado por Caio Carbão, Caio Catão e por seu irmão Caio[100], pouco violento então, mas hoje violentíssimo. XII. 40. Eis, pois, a lei da amizade que se deve estabelecer: nada pedir de vergonhoso, nada de vergonhoso conceder. É infame e absolutamente inaceitável querer desculpar uma má ação, em especial a que ameaça a República, declarando que foi cometida por causa de um amigo.

---

99. Estes aspectos da virtude da *iustitia* já apareceram no § 19, quando da definição do "bom", do homem de bem. É por causa deles que a verdadeira amizade, ligada à virtude, não poderia correr o risco ao qual se expôs a de Blóssio por Tibério Graco.

100. Caio Papírio Carbão, cônsul em 120, foi acusado de apoiar os Gracos. Caio Pórcio Catão, sobrinho do censor, por certo período foi do partido dos Gracos; cônsul em 114. Caio Semprônio Graco, irmão mais novo de Tibério, foi tribuno em 123 e 122; quando retomou o programa do irmão, propôs uma série de reformas amplas; foi combatido pela aristocracia e pelo Senado; morreu em 121 durante um motim.

[A responsabilidade política]

Sucede, Fânio e Cévola, que ocupamos tal posição política que é necessário prever com muita antecedência as futuras vicissitudes do Estado. Ora, já nos desviamos bastante do caminho que nossos antepassados costumavam seguir[101]. 41. Tibério Graco quis ser rei, ou melhor, reinou de fato durante alguns meses. Acaso o povo romano vira ou ouvira semelhante coisa? Mesmo depois de sua morte, amigos e parentes, seguindo-lhe o exemplo, agiram para com Públio Cipião[102] de um modo que não posso evocar sem lágrimas. Suportamos Carbão como pudemos, pois Tibério Graco acabara de ser punido. A respeito de um tribunado de Caio Graco[103] não me agrada falar sobre a minha expectativa. Mas o mal se espalha e, uma vez começado, desce pela encosta até a catástrofe. Bem vedes, a propósito das eleições, que mal nos causaram a Lei

---

101. Fica evidente a existência de uma crise nos valores tradicionais cujo momento crucial foi o das lutas decorrentes das reformas propostas pelos Gracos.

102. Públio Cornélio Cipião Nasica, cônsul em 138, esteve entre os mais ardentes opositores da reforma agrária proposta por Tibério Graco. Após a morte deste, a indignação popular obrigou-o a deixar Roma e ir para a Ásia Menor, onde morreu.

103. À época do diálogo, 129, Caio Graco ainda não era tribuno (o que se dá apenas em 123).

Gabínia e, dois anos mais tarde, a Lei Cássia[104]. Parece-me que desde então o povo está em dissídio com o Senado e os caprichos da multidão regulam as questões mais graves. Com efeito, maior número de pessoas aprenderá a criar situações perigosas do que resistir a elas. 42. Mas por que digo essas coisas? Porque sem companhia ninguém se arrisca a semelhantes tentativas. Eis, pois, a conduta que devemos prescrever aos homens de bem: se, por acaso, e sem o saber, se envolveram com tais amizades, não creiam que seus deveres lhes proíbam afastar-se dos amigos quando estes cometerem algum delito grave[105]; para os maus deve haver punição, que não seja menor para os que seguem os outros do que é para os que chefiam uma empresa ímpia. Quem foi mais ilustre na Grécia que Te-

---

104. A Lei Gabínia foi apresentada em 139 por Aulo Gabínio, então tribuno; ela determinava a eleição secreta dos magistrados. A Lei Cássia foi apresentada em 137 pelo tribuno Lúcio Cássio Longino Ravila e estendeu o voto secreto a todos os tribunais, salvo nos julgamentos de alta traição. Caio Papírio Carbão (sobre ele, cf. § 39) completou o dispositivo introduzindo o segredo no voto das leis propostas nos comícios. Tais medidas democráticas destinavam-se a limitar o jogo das pressões e influências exercidas pelos chefes da ordem senatorial sobre seus clientes e obrigados; atingida em suas prerrogativas, a opinião da oligarquia era que se entregava o poder de decisão aos caprichos da multidão (*multidudinis arbitrio*) e privava-se o Senado de autoridade.

105. Aqui, novamente, a guerra civil parece fornecer o fundo para a reflexão.

místocles[106]? Quem mais poderoso? Pois, mesmo tendo, como comandante supremo, libertado a Grécia da escravidão durante a guerra contra os persas, o ódio de seus inimigos fê-lo exilar; então, não sabendo como suportar devidamente a injustiça da pátria ingrata, agiu como fez entre nós, vinte anos antes, Coriolano. Mas ninguém houve que os ajudasse a agredir a pátria e por isso um e outro se mataram[107].

[Lei da amizade]

43. Assim, um tal conluio de maus cidadãos não se deve proteger com a escusa da amizade[108]; mas antes deve ser punido com todos os suplícios, a fim de que ninguém se creia autorizado a seguir um amigo que se insurge contra a própria pátria. Ora, do modo como vão as coisas, temo que isso

---

106. Temístocles, célebre político ateniense a quem se atribuía a vitória sobre os persas em Salamina, em 480. Ostracizado em 471, refugiou-se junto a seus antigos inimigos, os persas. Ele morreu por volta de 459.

107. Havia diferentes versões acerca da morte dos dois homens (cf. *Bruto*, 42-43); a escolhida por Cícero, a do duplo suicídio, dá uma nota dramática à conclusão de seu argumento. Sobre Coriolano, cf. § 36.

108. O "conluio de maus cidadãos" (*improborum consensio*) aqui mencionado é justo o inverso da união daqueles que Cícero chamou de "bons", o consenso dos homens de bem, que poderia, consoante uma esperança que Cícero nunca deixou de demonstrar, salvar a República.

não tarde a acontecer. E eu não me preocupo menos com o futuro da República, após a minha morte, do que com o seu estado atual. XIII. 44. Aqui está, então, a primeira lei da amizade a ser sancionada: só pedir aos amigos coisas honestas; para ajudá-los, fazer apenas coisas dignas sem sequer esperar que no-las peçam; mostrar interesse sempre, não hesitar jamais; finalmente, ousar dar francamente sua opinião. Na amizade, convém que os amigos mais prudentes tenham maior autoridade, intervenham para advertir, não apenas com franqueza, mas com severidade quando a situação o exigir, e que se obedeça a essa intervenção.

[Busca da utilidade]

45. Pelo que ouço dizer, uns pensadores tidos por sábios na Grécia têm opiniões admiráveis (nada existe que não sejam capazes de desenvolver com sutileza). Uns pretendem que se devem evitar as amizades numerosas, para que um só não se preocupe com muitos: cada qual já tem problemas de sobra, não precisando meter-se com os dos outros. Melhor será afrouxar as rédeas da amizade, estirando-as ou desapertando-as à vontade. O impor-

tante, para uma vida feliz, é ter tranquilidade, e não há tranquilidade para o espírito que deve, sozinho, afadigar-se por muitos. 46. Outros sustentam, diz-se, opiniões ainda mais indignas de um ser humano, ponto de que já tratei brevemente há pouco[109]. No parecer deles, ao fazer amigos, temos de buscar proteção e apoio, não benevolência e afeição; portanto, os fracos e inseguros é que procuram mais a amizade; daí resulta que as mulheres buscam mais proteção e amizade que os homens, os pobres mais que os ricos, os infelizes mais que os venturosos. 47. Quanta sabedoria! Os que suprimem a amizade da vida parecem-me privar o mundo do sol[110]: os deuses imortais nada nos deram de melhor, nem de mais agradável[111]. Que será, com efeito, essa tranquilidade de que nos falam, sedutora na aparência, mas que se deve, na realidade, rejeitar por muitos motivos? Pois não é conforme à razão não começar uma empresa honesta

---

109. Quanto à crítica da tese utilitarista da origem da amizade, cf. §§ 26, 29-32.

110. É constante no texto a representação imagética da amizade como luz, luminosidade. A crítica deste parágrafo dirige-se igualmente contra todos para quem a preocupação com o outro decorrente da amizade é um excesso e que portanto a reduzem à satisfação de certos interesses; nos dois casos, a amizade sucumbe diante do egoísmo.

111. É o mesmo elogio que já apareceu no § 20: pela amizade alcançamos um verdadeiro prazer, inseparável da preocupação com o outro e cuja fonte é a afeição inspirada pela virtude.

por medo das consequências ou abandoná-la depois de começada. Se fugirmos das preocupações, fugiremos das virtudes, que inevitavelmente dão origem a cuidados quando inspiram desprezo e cólera pelos seus contrários: a injustiça é repelida pela justiça, a luxúria pela temperança, a covardia pela fortaleza. Vemos assim que a injustiça aflige principalmente os justos, a pusilanimidade os bravos, a libertinagem os comedidos[112]. É característica da alma bem formada alegrar-se com o bem e afligir-se com seu contrário[113]. 48. Nessas condições, visto que não se duvida que a alma do sábio é acessível à dor – a menos que a suponhamos destituída de toda sensibilidade –, por que banir por completo da vida a amizade a fim de evitar que ela nos cause sofrimento? Que diferença haverá, uma vez suprimida a emotividade da alma, já não digo entre um animal e um homem, mas entre um homem e um tronco de árvore, uma pe-

---

112. Ver Platão, *Lísis*, 216 b, em que se refuta a amizade dos contrários: "Ou o justo [é amigo] do injusto; o temperante, do intemperante; e o bom do mau? – Não me parece que seja desse modo" (trad. Carlos Alberto Nunes, São Paulo, Melhoramentos, 1970).

113. Os estoicos tradicionais faziam a virtude consistir num rigoroso desprezo por tudo que pudesse perturbar o ânimo; fazendo da aflição (diante do vício) uma característica do sábio, Lélio mais uma vez contrapõe-se àquele rigorismo (cf. § 8). Em sua conclusão, aliás, ele retoma os termos que identificam as paixões que o estoicismo quer expulsar da alma: "alegrar-se", "afligir-se" (*lætari, dolere*). Cf. próxima nota.

dra ou qualquer coisa deste gênero?[114] Não convém dar ouvidos aos que supõem a virtude rígida, por assim dizer, inflexível, pois em inúmeras circunstâncias, principalmente na amizade, ela se mostra branda e flexível, dilatando-se com a felicidade dos amigos e contraindo-se com suas desgraças. Sendo assim, a angústia que às vezes é preciso experimentar por um amigo não nos deve induzir a privar a vida da amizade, assim como não devemos renunciar às virtudes pelo simples fato de trazerem alguns cuidados e aborrecimentos. XIV. Mas, dado que a amizade se consolida, como disse acima, quando a virtude brilha e atrai para si uma alma que se lhe assemelha, então o amor nasce necessariamente. 49. Haverá algo de mais absurdo do que se deleitar com coisas vãs – honras, glória, palácios, vestimentas, elegantes adornos – quando a alma virtuosa é capaz de amar, ou antes, de corresponder ao amor[115], embora não ofereça tanto encanto? Nada, com efeito, é mais agradável do que a reciprocidade de afeto e serviços pres-

---

114. Conferindo ao sábio a emotividade, Lélio confere-lhe sensibilidade para o bem ou para o mal e a capacidade para o sentimento de afeto de que se origina amizade, quando o homem de bem acha em outrem um espelho de sua própria virtude.

115. "Corresponder ao amor" traduz *redamare*, verbo criado por Cícero para verter o grego *antiphilein* de Platão, *Lísis*, 212 c-d.

tados¹¹⁶. 50. E, se acrescentarmos, como é justo, que nada seduz e atrai tanto para a amizade quanto a semelhança de índole, reconhecer-se-á, sem dúvida, que os homens de bem se amam reciprocamente e mutuamente se associam como se fossem parentes por natureza. É que nada, como a natureza, busca com tamanha avidez a seu semelhante¹¹⁷. Por essa razão, Fânio e Cévola, penso podermos estabelecer que os homens de bem experimentam, para com seus semelhantes, uma simpatia espontânea, fonte natural da amizade. Entretanto, essa simpatia também se estende a todos os homens. A virtude não é desumana, egoísta ou orgulhosa, ela que chega ao ponto de proteger povos inteiros e velar por seus interesses, o que certamente não faria se se recusasse a amar os homens em geral¹¹⁸.

116. Engana-se aquele que busca o agrado nos bens exteriores (cf. §§ 20 e 22), pois é a prestimosidade e a troca de serviços inspirados pela preocupação com o outro que originam o verdadeiro prazer, o da alma.

117. A origem natural da amizade já foi afirmada (cf. § 26 s.); agora são feitas duas precisões: a emotividade é uma característica natural do homem e o distingue dos objetos inanimados (§§ 47-48); existe uma lei da natureza em função da qual os semelhantes atraem-se; por conseguinte, a amizade entre homens de bem é uma necessidade natural.

118. Muitas vezes usou-se o termo *amicitia* para caracterizar as relações entre Roma e os povos a ela submetidos, por isso, em certa medida, este trecho não deixa de ressoar a uma idealização do imperialismo romano.

51. Penso ainda que aqueles que fazem do proveito o alvo das relações de amizade rompem o vínculo mais digno do amor. Pois o que nos deleita não é tanto a utilidade auferida do amigo, e sim o próprio amor para com ele, quando inspirado pela sua dedicação. Longe de cultivar a amizade por interesse, as pessoas que menos necessitam de outrem, por seus recursos, riquezas e sobretudo virtudes, que são o maior tesouro, é que se mostram mais liberais e prestimosas. Mas não é necessário que o amigo precise de nós. De que valeria a minha dedicação se nunca um conselho ou um favor me fosse pedido por Cipião nem na paz nem na guerra? Portanto, nesse caso, a amizade não seguiu a utilidade, mas a utilidade seguiu a amizade[119]. XV. 52. Não ouçamos esses homens engolfados no prazer quando discorrem sobre a amizade, pois não a conhecem nem na teoria nem na prática[120]. Pelo que é sagrado no céu e na terra, quem desejaria deixar de amar e ser amado apenas para usufruir de tudo e viver na superabundância[121]? Essa é a vida dos tiranos[122], em que

---

119. Por conseguinte, não é que a utilidade esteja de todo excluída do campo da amizade, mas ocorre-lhe ser um efeito e não uma causa.

120. Decerto os epicuristas, cujos enganos teóricos são responsáveis por uma má prática da amizade.

121. A questão será desenvolvida nos §§ 87-88.

122. O tirano é o exemplo por excelência da antissabedoria, cf. *Tusculanas*, V, 57 s., e também *Da república*, II, 26: "... nada é mais horrível

realmente não há lealdade, afeição ou certeza de uma benevolência duradoura: tudo nela é suspeita e preocupação, não há lugar para a amizade. 53. Será possível amar alguém a quem se teme ou a quem se inspira temor[123]? No entanto, tais pessoas são reverenciadas com fingimento, ao menos durante algum tempo[124]. Mas, quando caem, o que quase sempre acontece, vê-se logo que não tinham amigo nenhum. Foi o que, segundo a tradição, disse Tarquínio[125] durante seu exílio, que só então reconhecera os verdadeiros e falsos amigos, mas já não podia pagar nem a uns nem a outros. 54. Contudo me admiro de que com tamanha soberba e intratabilidade ele possa ter tido um ami-

....
e repulsivo aos deuses e aos homens do que esse animal funesto que, embora com forma humana, sobrepuja, em ferocidade e crueldade, as mais desapiedadas feras" (trad. cit.). No contexto da redação do *Da amizade*, a reflexão sobre o tirano e a tirania visa a Júlio César, que fora assassinado há pouco, em março de 44.

123. A frase alude à fórmula que exprime a essência da tirania: *oderint dum metuant*, "que odeiem, contanto que temam", mencionada por Cícero também em outras obras: *Dos deveres*, I, 97; *Filípicas*, I, 34. Ver ainda *Catilinárias*, I, 14: "Que coisa há ainda nesta cidade que te possa dar gosto, onde ninguém há que te não tema? Fora desta conjuração de gente estragada, ninguém que te não aborreça" (trad. António Joaquim, Clássicos Jackson, 1970).

124. O problema da sinceridade e da bajulação, já surgido no § 26, será tratado mais amplamente no § 91 s.

125. Sobre Tarquínio, cf. § 28; acerca de sua política baseada no medo, cf. *Da república*, II, 25: "temeroso do castigo que o ameaçava, queria impor-se pelo temor" (trad. cit.).

go[126]. E assim como seu caráter, conforme acabo de dizer, o impediu de granjear amigos verdadeiros, a riqueza de muitos poderosos afasta deles as amizades fiéis. Não só a fortuna é cega: cegos se tornam também, com frequência, aqueles a quem ela abraça. Estes se deixam então arrebatar pelo desdém e pela arrogância, e nada é mais insuportável que um insensato afortunado. Vemos até pessoas de caráter tratável mudarem quando obtêm um comando, uma magistratura, um sucesso: põem-se a desprezar os amigos antigos e a procurar novos. 55. Haverá algo de mais insensato que, na abundância de recursos, meios e influências, comprar tudo o que se pode comprar com dinheiro – cavalos, criados, roupas, baixelas – e não adquirir amigos, que são, por assim dizer, o melhor e mais belo ornamento da vida[127]? Na verdade, quando compram aqueles bens, não sabem para quem os estão entesourando nem por amor de quem se afadigam, pois pertencerão a quem os tomar à força. Ao contrário, a posse da amizade é para os amigos

---

126. Arrogância, soberba (*superbia*) e perversidade (*importunitas*) são as marcas de Tarquínio como modelo do tirano; cf. *Da república*, I, 40: "Não ignoras que a arrogância e a crueldade de Tarquínio tornaram o título de rei odioso aos romanos" (trad. cit.).

127. Retomada da comparação entre bens exteriores e amizade; cf. §§ 20, 22, 49.

estável e segura. Por isso, não será agradável uma vida sem amigos, ainda que nos restem os bens que, de algum modo, a fortuna nos concedeu. Mas basta quanto a esse assunto.

XVI. 56. Convém agora fixar os limites da amizade e os marcos do amor[128]. Vejo que, a esse respeito, existem três teorias, mas não aprovo nenhuma[129]: a primeira diz que devemos amar nossos amigos como amamos a nós mesmos; a segunda, que é preciso ter para com nossos amigos a mesma benevolência que eles têm para conosco; no dizer da terceira, devemos fazer pelos amigos o que fazemos por nós mesmos. 57. Não aprovo absolutamente nenhuma dessas teorias. A primeira não corresponde à verdade, pois exige que a atitude que adotamos a nosso respeito determine nossa disposição para com os amigos. Quantas vezes, com efeito, fazemos pelos amigos o que jamais faríamos por nós mesmos! Instar por eles junto a uma pessoa indigna de nós, suplicar ou repreender asperamente outra, investir violentamente contra uma terceira[130]: são coisas não muito conve-

---

128. Alusão ao tema geral desta parte (§§ 36-61).

129. A primeira das teses é provavelmente de origem epicurista, as outras são desconhecidas.

130. Ao longo de sua carreira, Cícero conheceu várias dessas situações, o que transparece em alguns discursos em que toma a defesa de amigos contra a ditadura de César.

nientes quando se trata de nossos interesses, mas muito convenientes quando se trata dos interesses dos amigos. E sucede frequentemente que os homens de bem se privam ou se deixam privar de boa parte de suas vantagens para que seus amigos delas usufruam em seu lugar. 58. A segunda teoria é a que define a amizade pela reciprocidade de préstimos e intenções. Ora, isso seria reduzir meticulosa e escrupulosamente a amizade ao cálculo de um equilíbrio perfeito entre o dar e o receber[131]. A meu ver, há bem mais largueza e generosidade na amizade verdadeira, que não cuida em minúcia se perdeu mais do que ganhou. Pois não se deve recear perder o que ofertou, semear sem colher ou exceder-se em sua diligência. 59. A terceira definição, porém, é a pior de todas ao determinar que cada um faça pelo amigo tudo quanto fizer para si. Muitos há, com efeito, bem pusilânimes e muito desalentados em melhorar sua condição. Não é sinal de amizade pôr-se nas mesmas disposições de ânimo em que estão os amigos: deveríamos, antes, tentar reanimá-los, insuflar-lhes mais entusiasmo e pensamentos cheios de esperança. É necessário, portanto, fixar outro limite à amizade ver-

---

131. A amizade verdadeira repugna à concepção de um cálculo; cf. as imagens do § 31.

dadeira, mas depois de examinar o que Cipião costumava censurar, principalmente as críticas mais veementes. Dizia ele que nenhuma expressão havia mais contrária à amizade do que a de quem dissesse "é preciso amarmos como se um dia devêssemos odiar." E não podia aceitar que tal sentença houvesse sido proferida por Bias[132], como se costuma sustentar, pois ele era um dos Sete Sábios. Teria sido proferida por um inescrupuloso, ou ambicioso, ou quem faz com que tudo sirva a seus interesses[133]. De fato, como ser amigo de um provável inimigo? Além disso, seria então necessário desejar que o amigo cometesse o maior número de faltas possível para dar ensejo a número maior de críticas, e, inversamente, atormentar-se com suas ações virtuosas, lamentando-as e invejando-as. 60. Assim, semelhante princípio, qualquer que seja o seu autor, só é bom para destruir a amizade. Mas o que ele deveria ter proposto é que procuremos cuidadosamente, ao fazer amigos, evitar a estima por alguém que podemos um dia detestar. Mais: se formos malsucedidos em contrair amizade, devemos, segundo Cipião, antes

---

132. Bias (século VI) foi um dos Sete Sábios; cf. § 7.

133. Corrupção, ambição e sede de poder constituem a figura do tirano; cf. exemplo de Tarquínio, §§ 28 e 53.

suportá-la que estudar ocasiões de nos tornar inimigos[134].

XVII. 61. Eis, a meu ver, os limites que convém respeitar[135]: sendo os amigos de conduta irrepreensível, deve haver entre eles, sem nenhuma exceção, uma comunhão de ação, pensamento e vontade. E, também, se por alguma fatalidade se devam secundar aspirações pouco justas dos amigos, nas quais estejam em jogo a vida ou a fama, é preciso que nos afastemos do caminho comum, contanto que não se siga uma extrema vergonha. Pois, em certa medida, podemos mostrar-nos indulgentes para com a amizade. Não se deve negligenciar a própria reputação nem fazer pouco caso da arma que constitui, na atividade política, a afeição dos concidadãos. É desonroso obtê-la com lisonja e adulação, enquanto a virtude acompanhada pela caridade para com todos não deve ser absolutamente posta de lado.

62. Mas, voltando a Cipião, que discorria frequentemente sobre a amizade, lembro-me de que se queixava do fato de os homens mostrarem em

---

134. A inimizade e o ódio, em todo o diálogo, surgem sempre num contexto político; cf. §§ 53, 59, 34 s. Sobre o lugar da sorte, cf. § 35.

135. Retomar-se-á agora a definição geral da amizade como acordo perfeito entre os amigos (cf. §§ 15, 20), porém já dentro dos limites trazidos pelos passos anteriores (cf. §§ 40, 44).

tudo mais aplicação que na amizade. Podem enumerar suas cabras ou carneiros, mas não os seus amigos[136]; quando se trata de adquirir gado, têm muito cuidado, mas, quando se trata de escolher amigos, são negligentes, não sabendo julgar por sinais ou indícios quais são os mais aptos à amizade[137].

[Escolha dos amigos]

Portanto, devemos escolher aqueles que são firmes, estáveis e constantes, que são uma espécie rara[138]. Todavia é muito difícil julgá-los antes de pô-

---

136. Trecho inspirado em Xenofonte, que relembra fala de Sócrates sobre a amizade; cf *Memoráveis*, II, 4, 2-4: "Via, dizia, toda gente empenhar-se em adquirir casas, campos, escravos, rebanhos, móveis e esforçar--se por conservar o que possui. Mas um amigo, que se diz o mais precioso de todos os bens, não via ninguém cuidar de adquiri-lo e, uma vez adquirido, de conservá-lo. Adoecesse um escravo, via, dizia, mandarem buscar médicos e tudo fazerem para volvê-lo à saúde. Enfermasse um amigo, não moviam uma palha [...]. Não descuram nenhum de seus bens, porém negligenciam os amigos que necessitam de seus cuidados. Agregava a isto que a maior parte dos homens conhece muito bem, por extenso que seja, o rol de tudo o que possuem; quanto aos amigos, por poucos que sejam, não só lhes ignoram o número, mas, quando se lhes pergunta quantos têm, embaraçam-se na enumeração, tanto se importam com os amigos!" (trad. Líbero Rangel de Andrade, Pensadores).

137. "Sinais" (*signa*) e "indícios" (*notæ*) traduzem o grego *semeion* ou *kritérion*, que na reflexão ciceroniana sobre o conhecimento (nos *Acadêmicos* por exemplo) ocupam um lugar fundamental; cf. §§ 80, 92. Quanto aos critérios de Sócrates para a escolha de amigos, cf. *Memoráveis*, II, 6.

138. Cf. Aristóteles, *Ética nicomaqueia*, VIII, 3, 8: "é natural que tais amizades não sejam muito frequentes, pois que tais homens são raros.

-los à prova, e esta tem de ser feita na própria amizade. Desse modo, a amizade se antecipa ao julgamento e suprime a possibilidade da experiência prévia. 63. Manda a prudência, pois, que moderemos o ímpeto da afeição assim como refreamos a velocidade de um carro, utilizando-a como a cavalos que estão sendo testados. Portanto, haverá amizade se o caráter dos amigos for submetido a exame. Com frequência, muitos traem a sua inconstância diante de uma pequena quantia de dinheiro; outros, que essa pequena quantia não abalou, cedem quando se trata de muito dinheiro[139]. E, se há os que consideram uma baixeza antepor o dinheiro à amizade, onde acharemos os que se recusam a colocar as honras, magistraturas, os cargos militares e civis, o poder acima da amizade e que, em presença dessas vantagens e dos direitos exigidos pela amizade, não dão muita preferência às primeiras? A nossa natureza, com efeito, é fraca para desprezar o poder e, mesmo quando negligenciam a amizade para alcançá-lo, os homens julgam

---

Acresce que uma amizade dessa espécie exige tempo e familiaridade. Como diz o provérbio, os homens não podem conhecer-se mutuamente enquanto não houverem 'provado sal juntos'" (trad. cit.).

139. O problema da cobiça já apareceu junto ao da ambição, cf. §§ 33-34; quanto ao valor dos bens exteriores comparado ao da amizade, cf. §§ 20, 22, 49, 55.

disfarçar sua falta com o pretexto de que tinham boas razões para fazê-lo. 64. Assim, as amizades verdadeiras são raras entre os que se consagram às disputas pelos cargos públicos[140]. Haverá quem prefira ver um amigo eleito em seu lugar? Ah, como parece penoso e difícil partilhar as desgraças alheias! Não é fácil encontrar homens que a isso se resignem. Aliás, Ênio tem razão:

"O amigo certo descobre-se na hora incerta."[141]

Duas coisas mostram a leviandade e a fraqueza da maioria dos homens: desprezar as coisas boas ou fugir das coisas más[142]. Assim, aquele que em ambos os casos se mostra sério, constante e firme na amizade, consideremo-lo ser de uma categoria particularmente rara, quase divina[143]. XVIII. 65. Ora,

---

140. O perigo da atividade pública para a amizade já apareceu no § 34. Talvez esteja aí a razão de Cícero ter encontrado suas mais sólidas amizades entre os epicuristas (principalmente Ático), que justamente recusavam a política.

141. Cf. Eurípides, *Hécuba*, 1226-7: "é nas desgraças que notamos os bons amigos".

142. Observe-se que, se as verdadeiras amizades são tão raras, isto se deve também à intervenção de elementos que fogem ao poder dos próprios amigos; a sorte, a fortuna é um dado constante da reflexão ciceroniana sobre a amizade; cf. 35, 60.

143. Qualidades correspondentes às do sábio e que alhures definem o político; por exemplo no *Da república*, I.

o fundamento da estabilidade e constância que buscamos na amizade é a lealdade[144]: de fato, nada é estável sem ela. Também é preciso escolher um caráter simples, aberto às confidências e que tenha sentimentos semelhantes aos nossos. Isso tudo contribui para a fidelidade, pois não pode existir lealdade num espírito duplo e doloso. Aquele que não tiver os mesmos gostos do amigo nem se adaptar a seu caráter não será nem fiel nem constante. Acrescente-se que não deve deleitar-se em fazer acusações ou dar-lhes ouvidos. Tudo isso se relaciona com a constância, de que venho tratando há muito tempo[145]. Verifica-se desse modo o que declarei no início: a amizade só pode existir entre os bons[146]. É próprio do homem de bem, a quem podemos também chamar sábio[147], manter na amizade estas duas qualidades: evitar fingimentos e simula-

---

144. "Lealdade" traduz *fides*, característica das pessoas de bem. *Fides* é um conceito importantíssimo no sistema de valores éticos romanos: é o valor que garante a relação entre duas partes, tanto de classes iguais quanto diferentes; regula assim o matrimônio, a amizade, a aliança entre estados etc. Exprime fundamentalmente a lealdade, fidelidade recíproca entre as partes.

145. Referência ao tema geral da conservação da amizade, tratado nos §§ 33-100.

146. Cf. § 18.

147. Cf. §§ 19 e 21: definição estoica do sábio; § 38: figuras exemplares, próximas da perfeição; § 100: a sabedoria definida como perfeição acessível ao homem

ções[148], pois a franqueza é mais nobre que a ocultação dos pensamentos, mesmo no ódio, e, além de repelir as acusações alheias, abster-se de alimentar suspeitas, imaginando sempre ter sido prejudicado por alguma falta do amigo. 66. Junte-se a isso a doçura na conversação e no trato, condimento não desprezível da amizade. O rosto sério e a rigidez severa em tudo têm a sua dignidade, mas a amizade deve ser menos tensa, mais expansiva, mais amena e inclinada à amabilidade e à brandura[149].

[A prática da amizade]

XIX. 67. Mas é aqui que surge um problema um pouco difícil: devemos às vezes privilegiar os amigos recentes, se são dignos de nossa amizade, em detrimento dos antigos, como fazemos com os cavalos velhos, a quem preferimos os novos? Dúvida indigna do homem! Quando se trata da amizade, não deve haver saciedade, como nas outras coisas: a mais antiga deve sempre, como os vinhos que resistem ao tempo, ter mais encanto, e é ver-

---

148. Os mesmos termos apareceram no § 26, numa crítica à tese da origem utilitária da amizade.
149. Tais critérios importam para o agrado a ser proporcionado pela amizade, cf. §§ 28, 47, 48. Sobre a brandura de Cipião, cf. § 11.

dadeiro o provérbio segundo o qual é preciso comer muitos módios de sal com alguém para que a amizade se consolide plenamente[150]. 68. Certamente, se as novas relações prometerem frutos como em plantas que não decepcionam, não se devem rejeitar; mas a velha amizade tem de ser mantida em seu lugar, já que a força dos anos e do hábito é muito grande. E, mesmo no caso dos cavalos, que há pouco mencionamos[151], todos preferem montar o animal a que estão acostumados, se nada o impedir, do que um potro novo e indomado. Mas isso não vale apenas para os seres animados: também as coisas inanimadas entram na esfera do hábito, já que há regiões que nos agradam, ainda que sejam montanhosas e silvestres, por nelas termos passado algum tempo[152]. 69. Mas, na amizade, é de suma importância que nos coloquemos no nível dos inferiores. Existem, contudo, personalidades eminentes, como acontecia a Cipião em meio ao que eu poderia chamar de nosso reba-

---

150. O provérbio já fora utilizado por Aristóteles na *Ética nicomaqueia*, cf. trecho citado em nota ao § 62.

151. Cf. § 67; imagens análogas nos §§ 45 e 63.

152. Os romanos não apreciavam as paisagens das montanhas, que para eles lembrava a selvageria instalada para além dos limites da civilização. Em troca, eram bastante ligados ao campo (*rus*), o campo cultivado e lugar das raízes pátrias.

nho[153]. Mas ele nunca se julgou superior a Filo, Rupílio, Múmio ou a outros amigos de condição inferior[154]; diante de seu irmão Quinto Máximo[155], homem notável mas que não igualava a si e era mais velho, demonstrava o respeito que se tem por um superior. Além disso, queria dar, a todos os seus, meios de aumentar o próprio prestígio[156]. 70. Eis a atitude que todos os homens devem adotar e imitar: se se distinguirem pela virtude, talento, fortuna, que partilhem isso com os parentes e amigos. Assim, se os pais forem pobres ou alguns parentes carecerem de dons e recursos, devem repartir com eles os bens, as honras e as dignidades como fizeram as personagens de tragédia[157]: enquanto ignoravam sua origem e condição, perma-

153. Cícero várias vezes usa o termo "rebanho" (*grex*) para indicar escolas filosóficas; aqui ele designa o "círculo cipiônico"; cf. § 3. Também Aristóteles já definira a amizade pela igualdade, por exemplo em *Ética nicomaqueia*, VIII, 5, 5: "... se diz que amizade é igualdade"; VIII, 72: "... a igualdade, que é indubitavelmente considerada uma característica da amizade" (trad. cit.).

154. Espúrio Múmio, irmão de Lúcio Múmio, que destruiu Corinto em 146, em 139 acompanhou Cipião ao Oriente. É um dos interlocutores do *Da república*. Sobre Filo, cf. § 14; sobre Rupílio, cf. § 37.

155. Quinto Fábio Máximo Emiliano, irmão de Cipião Emiliano, cônsul em 145; ele também era filho de Paulo Emílio e foi adotado por um dos Fábios.

156. Quanto à liberalidade de Cipião relativamente a seus familiares, cf. § 11.

157. O teatro latino da época, cujos principais autores estavam sob proteção de Cipião, constitui uma referência cara a Lélio (§ 24).

neceram reduzidas à servidão; mas, depois que se reconheceram filhos de deuses ou reis, continuaram a amar os pastores que por muito tempo consideraram como seus pais. Com muito maior razão devemos agir assim para com os nossos pais verdadeiros. O talento, a virtude e toda a superioridade produzem maior fruto quanto mais perto de nós estão os favorecidos com esses dons. XX. 71. Assim, como quem em seu círculo de amigos e conhecidos se destaca pela superioridade deve pôr-se no nível dos inferiores, de igual modo, os inferiores não devem ficar descontentes com serem superados pelos amigos que, de fato, têm mais talento, fortuna ou posição[158]. A maior parte deles está sempre se queixando e até censura o fato, sobretudo quando dão a crer que podem afirmar algum ato de solicitude amigável e devida caridade prestado com incômodo próprio[159]. Verdadeira-

---

158. A tese aqui apresentada opõe-se à atitude condenada no § 54: em razão de sua superioridade, desprezar os amigos. Se de fato é superior, o homem amigável nem menospreza os outros, inferiores, nem se rebaixa a eles; como concluirá o § 72, ele deve auxiliá-los com discrição; cf. ainda Aristóteles, *Ética nicomaqueia*, VIII, 13, 2: "os amigos podem ser iguais ou desiguais quanto aos benefícios que conferem. Assim sendo, os iguais devem ser amigos numa base de igualdade quanto ao amor e a todos os outros respeitos, ao passo que os desiguais devem beneficiar-se proporcionalmente à sua superioridade ou inferioridade" (trad. cit.).

159. Esta é a situação corriqueira de uma amizade fundada sobre a utilidade, o que exige um cálculo do que é dado e do que é recebido; cf.

mente odiosas são as pessoas que censuram os serviços prestados, pois convém que os beneficiados se lembrem deles e os benfeitores os esqueçam. 72. Por conseguinte, não basta, na amizade, que os superiores se rebaixem, mas até certo ponto soergam os inferiores. Há, com efeito, quem torne a amizade desagradável quando se julga desprezado, e isso quase sempre acontece com os que se creem dignos de desprezo, convindo então animá-los não só com palavras, mas também com obras. 73. Além disso, deve-se dar a cada um conforme às próprias possibilidades, depois à capacidade de quem amamos e favorecemos. De fato, é impossível, por mais alto que estejamos, conduzir todos às honras supremas: Cipião conseguiu eleger Públio Rupílio ao consulado, mas nada pôde fazer por Lúcio, irmão de Públio[160]. E, mais, quando

---

a crítica desta concepção no § 58. Também para Aristóteles eram tais as características de uma amizade que se estabelece a partir da utilidade, cf. *Ética nicomaqueia*, VIII, 13, 2-4: "As queixas e censuras surgem unicamente ou principalmente nas amizades que se baseiam na utilidade, e isso está conforme ao que seria de esperar. [...] a amizade que se baseia na utilidade é repleta de queixas; porquanto, como cada um se utiliza do outro em seu próprio benefício, sempre querem lucrar na transação, e pensam que saíram prejudicados e censuram seus amigos porque não recebem tudo o que 'necessitam e merecem'; e os que fazem bem a outro não podem ajudá-los tanto quanto eles querem" (trad. cit.).

160. Sobre Rupílio, cf. § 37. Seu irmão Lúcio candidatou-se ao consulado em 147, mas, apesar do apoio de Cipião, não conseguiu eleger-se. Como se vê, havia no círculo cipiônico também uma convergência políti-

desejamos que se confira uma magistratura a alguém, devemos investigar se a pessoa está à altura do cargo. 74. De um modo geral, as amizades só devem ser julgadas quando os espíritos estão serenados e consolidados pela idade; por exemplo, os que na juventude praticavam a caça e o jogo de bola não se devem considerar ligados aos que então estimavam só porque tinham os mesmos gostos. Desse modo as amas e os preceptores[161] reclamariam para si, em nome da idade, a parte maior de nosso afeto. É claro que não se deve negligenciá-los, mas convém amá-los de modo inteiramente diverso. Do contrário as amizades não podem permanecer estáveis. Com efeito, a diversidade de caráter tem por consequência a diversidade de gosto, que dissocia as amizades: a única razão a impedir que os homens de bem amem os ímprobos, e que estes amem os virtuosos, é a de existir entre eles oposição total de caráter e gosto. 75. Também é normal exigir, na amizade, que uma simpatia exagerada não comprometa, como tantas vezes acontece, os interesses mais importantes dos amigos. Para voltar à fábula, Neoptólemo[162] não te-

---

ca; com efeito, a verdadeira amizade repousa sobre o acordo perfeito em tudo (cf. §§ 15, 20, 61), inclusive a atividade política.

161. Em Roma os preceptores eram escravos.

162. Neoptólemo, ou Pirro, filho de Aquiles e Deidâmia; ele foi educado na ilha de Ciro junto a seu avô Licomedes, rei local. Foi levado por

ria tomado Troia se desse ouvidos a Licomedes, por quem fora criado, quando este tentava impedi-lo, com lágrimas, de partir. Ora, em determinadas circunstâncias os amigos precisam separar-se e quem a isso se opõe objetando não poder suportar-lhe a ausência carece de firmeza e energia[163], portanto, de senso de justiça no trato da amizade[164]. 76. Em suma, em todos os casos convém avaliar o que se pede a um amigo e o que se lhe pode conceder. XXI. Por vezes, chega a ser inevitável uma desgraça, o rompimento da amizade. Mas aqui passamos da intimidade dos sábios às ligações vulgares. Frequentemente se manifestam defeitos que prejudicam ora os próprios amigos, ora a terceiros, mas que redundam sempre em desonra para os primeiros. No caso de semelhantes amizades, mais vale afrouxar as relações até que se descosturem; ou, como ouvi Catão dizer, é melhor descosturar do que romper[165] – a menos que se evidencie uma injustiça de tal modo intolerável que não seja nem justo, nem honesto, nem possível impedir uma brus-

---

Ulisses à guerra de Troia, já que segundo um oráculo esta cidade nunca seria tomada senão pelo filho de Aquiles.

163. Já se apontou a fraqueza como um obstáculo à amizade, cf. § 64.

164. A justiça é uma virtude essencial ao homem de bem; cf. §§ 11, 19, 82.

165. Sobre Catão, cf. § 4; quanto à sua sabedoria, cf. §§ 9-10. Atribuídos a ele, circulavam vários ditos memoráveis; cf. ainda § 90.

ca ruptura[166]. 77. Quando o caráter ou as inclinações sofrem modificação, como costuma suceder; quando as opiniões políticas geram lutas (repito que agora não falo da amizade dos sábios, mas da amizade vulgar), então devemos cuidar não só de não perder uma amizade, mas de não ganhar uma inimizade. Nada é mais vergonhoso que mover guerra a uma pessoa com quem outrora vivemos em paz. Como sabeis, Cipião renunciou por minha causa à amizade de Quinto Pompeu[167], e a dissensão que grassava na República separou-o de nosso colega Metelo[168]: em ambos os casos ele agiu com circunspecção, valendo-se de sua autoridade sem a aspereza do ressentimento. 78. Em vista disso é preciso tentar impedir as desavenças entre amigos, e, se tal acontecer, mostrar que a amizade antes foi extinta que esmagada. Também é preci-

---

166. Os casos de ruptura já apareceram nos §§ 34-35. Os fatos políticos da época do diálogo justificam a argumentação de Lélio; assim, por exemplo, um crime contra o Estado, máxima injustiça que subtrai o criminoso à própria condição de homem, desobriga o antigo amigo aos deveres da amizade.

167. Quinto Pompeu Nepos elegeu-se cônsul em 141, após ter traído Lélio, que ele prometera apoiar na eleição. O fato determinou a ruptura entre Pompeu Nepos e Cipião.

168. Quinto Cecílio Metelo, apelidado de Macedônio em razão de sua vitória sobre Andrisco, usurpador da Macedônia, quando era pretor em 148; foi cônsul em 143; após a morte de Tibério Graco, ele passa a se opor a Cipião. Lélio o chama de "colega" porque, como ele, Metelo era áugure.

so evitar que ela se transforme em inimizade acirrada, fonte de litígios, maledicências, ultrajes. Entretanto, se a inimizade for tolerável, suportemo-la e, em honra do bom convívio de outrora, lancemos a responsabilidade à conta de quem agiu mal e não de quem sofreu as consequências.

[Quem merece a amizade]

Só há um meio de evitar os inconvenientes e os males desse tipo: não deixar que a amizade nasça depressa demais nem se dirija a criaturas indignas[169]. 79. São dignos da amizade aqueles que têm em si mesmos a razão de serem amados. Espécie rara, na verdade, mas tudo o que é notável é raro, nada havendo de mais difícil que encontrar algo interessante, perfeito em seu gênero. A maior parte das pessoas só dá valor, entre todos os bens, aos que tragam utilidades; e reservam a mais viva afeição aos amigos que, como os seus animais[170], puderem ser-lhes de maior proveito. 80. Desse modo, privam-se da amizade mais bela, mais confor-

---

169. Lélio retorna ao problema da escolha dos amigos; cf. § 62 s.
170. Além da crítica à concepção utilitarista da amizade feita passo a passo ao longo do diálogo, cf. § 62, notadamente o trecho das *Memoráveis* citado em nota.

me à natureza[171], que buscamos pelo que é e pelo que traz em si; são incapazes de descobrir em seu próprio íntimo[172] o critério para determinar a essência e a importância da amizade. Pois, se alguém ama a si mesmo, não é para tirar de si a recompensa dessa afeição, mas porque cada qual é caro a si próprio. Caso não transfiramos isso para a amizade, jamais encontraremos um amigo verdadeiro, que é como um outro "igual"[173]. 81. Ora, observamos nos animais – alados, aquáticos, terrestres, domésticos ou ferozes – primeiro que amam a si mesmos, instinto que já nasce com os seres animados, depois que procuram e desejam um outro da mesma espécie com quem ligar-se; e fazem-no com ardor, mais ou menos à moda dos homens. E nestes tudo se passa ainda mais clara e naturalmente, pois se amam e buscam uma alma com a qual a sua possa se fundir tão intimamente que ambas não sejam mais que uma. XXII. 82. Muitos

---

171. Sobre a conformidade com a natureza, cf. §§ 19-20: ela é "o melhor guia para viver bem".

172. Cf. Aristóteles, *Ética nicomaqueia*, IX, 4, 1: "As relações amigáveis com seu semelhante e as marcas pelas quais são definidas as amizades parecem proceder das relações de um homem para consigo mesmo" (trad. cit.).

173. Cf. Aristóteles, *Ética nicomaqueia*, IX, 4, 5: "ele [o homem bom] se relaciona para com o seu amigo como para consigo mesmo (pois o amigo é um outro 'eu')" (trad. cit.).

homens, porém, contra a razão, para não dizer sem vergonha, erram ao querer ter um amigo tal qual eles mesmos não conseguem ser, esperando dele serviços que eles mesmos não lhe prestam. Ora, antes de tudo convém ser homem de bem[174] para depois procurar um semelhante. Entre pessoas assim é que a estabilidade na amizade, da qual vimos falando, se pode consolidar, desde que elas, unidas pela benevolência, primeiro dominem as paixões que escravizam os demais, depois amem a equidade e a justiça[175], assumam suas obrigações recíprocas, só peçam umas às outras serviços conformes à moral e ao direito e, além da estima e do amor, se proporcionem o respeito mútuo. De fato, privamos a amizade de seu mais belo ornamento quando deixamos de respeitar os amigos[176].
83. Enganam-se perigosamente, pois, aqueles para quem as paixões e os desmandos podem ter livre curso na amizade; foi para ajudar a prática das virtudes que a natureza nos deu a amizade[177], não para ser companheira dos vícios. Desse modo a virtude

---

174. Sobre os "homens de bem", cf. § 18.
175. Estas são as virtudes essenciais do homem de bem; cf. § 19.
176. O respeito (*verecundia*) era um critério a que Cícero se atinha escrupulosamente, por exemplo, em sua relação com Ático, o que impedia críticas quanto às diferentes opções de vida; cf. *A Ático*, I, 17, 7.
177. Quanto à origem natural da amizade, cf. §§ 25-32.

chega à perfeição, coisa que não poderia fazer sem estar estreitamente unida a outrem[178]. Todas as vezes que há, houve ou houver tal sociedade entre os homens, o seu agrupamento deve ser considerado o melhor e o mais feliz para atingir o sumo bem proposto pela natureza[179]. 84. Essa é, afirmo, a comunhão em que se encontram todas as coisas que os homens acham dignas de serem buscadas: honra, glória, tranquilidade e alegria: a sua presença assegura a felicidade, a sua ausência impede-a. Como nelas reside o sumo bem, caso queiramos alcançá-lo, devemos esforçar-nos em adquirir a virtude sem a qual não teremos nem a amizade nem os bens desejáveis. Aqueles que acreditam ter amigos, mas negligenciam a virtude, acabam por reconhecer seu erro quando uma situação grave os obriga a pôr esses amigos à prova. 85. Por isso, devemos repeti-lo muitas vezes, o amor só deve nascer após o exame, não o exame após o amor[180].

---

178. Mais uma crítica ao estoicismo: a alegada insuficiência da virtude opõe-se completamente às concepções daquela filosofia; cf. § 35, lugar da sorte.

179. São elencados aqui os principais temas da reflexão ética helenística: natureza e virtude, felicidade e soberano bem.

180. Cf. §§ 62, 74, 80.

[Não há vida sem amizade]

Mas, em inúmeros casos, somos punidos pela negligência, e sobretudo quando ela se manifesta na escolha dos amigos e em nossa conduta para com eles. Então decidimos tarde demais e, contrariamente ao antigo provérbio, nada se faz no devido tempo[181]. Estamos enredados de todos os lados por relações cotidianas e obrigações, e de repente, no meio do caminho, sobrevém alguma injúria e desfazemos as amizades[182]. XXIII. 86. Censuremos, pois, tamanha incúria em assuntos tão importantes. Com efeito, dos bens que interessam aos homens, a amizade é o único cuja utilidade todos unanimemente reconhecem. Todavia, muitos desdenham a própria virtude e consideram-na vanglória ou ostentação; outros desprezam a riqueza e, capazes de contentar-se com pouco, amam a simplicidade na mesa e na vida; quanto às honras, cuja paixão inflama tantas pessoas, não poucos as têm por vãs e fúteis! Do mesmo modo os outros bens, que alguns consideram admiráveis, nada significam aos olhos de muitos[183]. Com rela-

---
181. Trata-se da expressão *acta agere*.
182. Risco inexistente na amizade entre sábios, cf. § 76.
183. A amizade é um bem diverso dos bens exteriores aqui mencionados (cf. enumeração anterior do § 84), pois ela não pode ser objeto de desprezo.

ção à amizade, porém, todos estão de acordo, tanto os que se consagram à política como os que se deleitam com o estudo da ciência[184], ou os que se ocupam apenas dos próprios negócios[185], ou os que se entregam por inteiro aos prazeres – todos julgam que de modo nenhum há vida sem amizade, ao menos os que queiram viver dignamente. 87. A amizade, de fato, infiltra-se não sei como em todas as existências e jamais permite que uma vida se organize sem ela. Tomemos como exemplo alguém de natureza rude e selvagem, avesso ao contato com os homens, como foi um certo Timão de Atenas[186], de quem se diz: que não deixava de procurar alguém em cuja companhia pudesse destilar o veneno de seu azedume. Se um deus nos arrebatasse do convívio dos homens e nos instalasse em lugar solitário, fornecendo-nos ali, em abundância, tudo o que exige a natureza, mas privando-nos inteiramente da vista de outro ser huma-

---

184. Características da vida prática (*praktikos bíos*) e da vida contemplativa (*theorétikos bíos*).

185. Cícero refere-se aos romanos ricos que permaneciam distantes da política para dedicarem-se exclusivamente a seus negócios. O ócio era uma verdadeira instituição romana: essencial para o cultivo da filosofia, que não necessariamente opunha-se à atividade política. Vale lembrar que negócio (*negotium*) é literalmente a negação do ócio (*otium*).

186. Contemporâneo de Sócrates, famoso por sua misantropia, que é designada por Cícero como uma doença espiritual (*ægratatio animi*); cf. *Tusculanas*, IV, 25

no[187], quem seria tão insensível a ponto de suportar semelhante existência e impedir que a solidão o privasse do gozo de todos os prazeres? 88. Foi, pois, verdade o que disse Arquitas de Tarento[188], que repetia, segundo os anciãos de nossa época que o tinham ouvido falar a outros anciãos: "Se um dia alguém subisse ao céu para contemplar o universo inteiro e a beleza das estrelas, aquele espetáculo lhe seria desagradável se não tivesse alguém a quem contar as maravilhas vistas." Assim a natureza não ama a solidão e sempre procura, por assim dizer, um apoio – e o amigo íntimo lhe oferece o mais doce dos apoios. XXIV. Mas, apesar de a natureza nos mostrar, por inúmeros sinais, o que quer e exige, tornamo-nos surdos, não sei como, às suas advertências e recusamo-nos a ouvir o que tem para nos dizer. Em verdade, as relações de amizade são múltiplas e variadas[189], ensejando muitos motivos de suspeita e ofensa; saber evitá-los, atenuar-lhes os efeitos ou suportá-los é próprio do sábio.

---

187. Desdobra-se aqui o elogio da amizade que já era realizado nos §§ 22-23.
188. Matemático e filósofo pitagórico que viveu entre os séculos V-IV a.C.
189. Cf. § 65.

[Franqueza e amizade]

Há, porém, uma causa de desagrado cujos efeitos, mais que todos, é preciso atenuar a fim de unir, na amizade, a utilidade e a lealdade[190]: frequentemente, convém advertir e censurar os amigos e aceitar essas reprimendas quando são bem-intencionadas[191]. 89. Não sei por que, entretanto, tem razão meu amigo em seu *Andria*[192]:

A condescendência gera amigos, a verdade, o ódio.

Desagradável é a verdade, visto que dela nasce o ódio, esse veneno da amizade. Mais desagradável, porém, é a condescendência quando favorece as faltas e permite que um amigo role pelo abismo, de sorte que a culpa maior é a daquele que desdenha a verdade e, com sua indulgência, impele à fraude. Em tudo isso, pois, devemos cuidar para

---

190. Promove-se aqui a conciliação entre a honestidade e a utilidade. Sobre a importância da lealdade (*fides*), cf. §§ 52, 65.

191. Retoma-se a "lei da amizade" apresentada no § 44 e que exige a franqueza entre os amigos. Adiante serão criticados os amigos complacentes (§ 89) e os que não admitem ouvir a verdade (§ 90).

192. O amigo (*familiaris*) mencionado é Públio Terêncio Afro (ca. 185-159), que nasceu em Cartagena e foi levado para Roma na condição de escravo; libertado pelo senador Públio Terêncio Lucano, tomou-lhe o nome. Autor de várias comédias, era amigo íntimo de Lélio e Cipião. Cita-se aqui o verso 68 da *Andria*.

que não haja aspereza na advertência nem ofensa na censura[193], e que a "condescendência" (aqui, de bom grado, empregamos a expressão de Terêncio[194]) seja acompanhada de amabilidade e evite a lisonja, essa auxiliar dos vícios, que não é digna, não apenas de um amigo, mas até de um homem livre. Pois vivemos de um modo com um tirano; de outro, com um amigo[195]. 90. E, se houver alguém cujos ouvidos estejam cerrados e não queiram ouvir a verdade dos lábios de um amigo, só resta desesperar de sua salvação. A propósito, sabemos daquele dito de Catão como de muitos outros: "Os inimigos mordazes nos prestam melhor serviço do que os amigos que se mostram cheios de doçura: os primeiros dizem frequentemente a verdade, os outros nunca." Eis um absurdo: os que são advertidos não sentem o pesar que deveriam experimentar, mas ficam aborrecidos com aquilo que não deveriam, porquanto a falta cometida não os aflige, e sim a reprimenda. Deveriam, ao contrário, sofrer com o delito e rejubilar-se com a censura. XXV.

---

193. Quanto à doçura (*suauitas*), cf. § 66.

194. A condescendência (*obsequium*) designa o respeito oficioso do inferior para com o superior e tanto em Terêncio como aqui o termo assume o sentido pejorativo de "complacência"; Lélio, em troca, busca conferir-lhe o sentido de "deferência".

195. Sobre o tirano, cf. §§ 52-53.

91. Portanto, advertir e ser advertido é próprio da amizade verdadeira, desde que isso seja feito com franqueza e afabilidade, e recebido com paciência e sem ressentimento. Estejamos persuadidos de que, na amizade, nada é pior que a adulação, a lisonja, a bajulação: sim, podemos multiplicar os nomes como quisermos, mas é preciso condenar o vício dessas criaturas frívolas e falazes, que sempre falam para agradar, nunca para dizer a verdade.

[Simulação e amizade]

92. Mas, se em tudo a simulação é viciosa, pois suprime o julgamento da verdade e o adultera, revela-se, contudo, especialmente incompatível com a amizade: destrói a sinceridade, sem a qual não existe amizade digna desse nome. A amizade, por assim dizer, consiste em fazer de muitas almas uma só[196]: ora, como seria isso possível se não encontrássemos em cada alma unidade e constância, mas multiplicidade e mudança? 93. Que haverá, com efeito, de mais mutável e inconstante que a alma de um homem que muda de opinião não apenas por causa das ideias e disposições do outro,

---

196. Sobre esta ideia, cf. § 81.

mas até por causa da expressão de um rosto ou dum aceno?

"Negam, eu nego; afirmam, eu afirmo. Por fim,
[impus-me
Concordar com tudo",

como diz o mesmo Terêncio[197], mas desta feita pela boca da personagem Gnatão[198]. Ter um amigo desse tipo é, verdadeiramente, um sinal de leviandade. 94. Ora, muitos se parecem com Gnatão e, embora sejam superiores em nobreza, fortuna e fama, a adulação deles é mais perigosa porque nela a autoridade se acrescenta à vaidade.

[O bajulador]

95. Entretanto, com aplicação, é possível reconhecer e distinguir o bajulador do amigo verdadeiro tão facilmente quanto se distinguem o falso e o fingido do autêntico e verdadeiro. A assembleia do povo é formada por pessoas sem nenhuma cultura, e no entanto costuma saber a diferença entre

---
197. Trata-se do verso 252 do *Eunuco* de Terêncio.
198. Personagem de parasita do *Eunuco*.

o demagogo, isto é, o cidadão adulador e leviano, e o cidadão constante, sério e grave. 96. Quanta lisonja lançava, há pouco, Caio Papírio aos ouvidos da assembleia do povo quando apresentou a reeleição dos tribunos da plebe! Nós o combatemos[199]; mas não falemos de mim, e sim de Cipião. Quanta gravidade, deuses imortais, quanta grandeza[200] havia no seu discurso, fazendo-se reconhecer prontamente como o guia do povo romano, e não como um simples membro dessa comunidade! Mas vós estáveis lá e o discurso passa de mão em mão. Assim uma lei de inspiração popular foi rejeitada pelo voto do povo. E, voltando a mim, sem dúvida vos lembrais de que também parecia muito popular, sob o consulado de Quinto Máximo, irmão de Cipião, e Lúcio Mancino[201], a lei sobre as funções sacerdotais apresentada por Caio Licínio Crasso[202]. A escolha dos colégios foi transferida para o povo. O próprio Crasso tomou a iniciativa de voltar-se na

199. Sobre Caio Papírio, cf. § 40. Em 131, Lélio e Cipião opuseram-se ao seu projeto de autorizar a reeleição dos tribunos da plebe.

200. A "gravidade" (*grauitas*) e a "grandeza" (*maiestas*) são por excelência as qualidades do grande homem romano.

201. Em 145; cf. § 69.

202. Caio Licínio Crasso, tribuno da plebe em 145, apresentou uma lei pela qual os membros dos colégios sacerdotais deviam ser eleitos pelos comícios populares, e não mais pela cooptação dos próprios membros. Com isso, ele visava acabar com o domínio aristocrático sobre os colégios.

direção do Fórum ao submeter um projeto à assembleia[203]. Mas a religião dos deuses imortais, que defendíamos, venceu facilmente aquele discurso venal. Isso se passou quando eu era pretor, cinco anos antes de eleger-me ao consulado: portanto, a causa foi defendida por si própria, e não pela autoridade suprema de seu defensor[204]. XXVI. 97. Se, pois, nesse palco que é a assembleia, onde se veem tantas ficções e artifícios nebulosos, a verdade acaba prevalecendo, desde que se patenteie e ilumine, que fazer quando se trata da amizade? Nesta, a verdade é o único critério, e a menos que alguém se mostre de peito aberto, como se diz[205], nada encontrará digno de todo o crédito e certeza, nem mesmo o amor que se dá e se recebe, pois então não se saberá quando se é sincero.

[Vítimas da bajulação]

Todavia essa complacência, apesar dos perigos que encerra, só prejudica aqueles que a aceitam e

---
203. O Fórum era o símbolo da República romana.
204. Lélio foi pretor em 145, cônsul em 140. É dito que a causa defendeu-se "por si própria" e porque sendo pretor não possuía ainda a *summa auctoritas*.
205. O "peito aberto" (*apertum pectus*), quer dizer, o fundo do coração, da alma.

nela se comprazem. Por isso, não há homem que dê mais ouvidos aos aduladores do que aquele que a si próprio se bajula com a máxima complacência. 98. Bem sei que a virtude ama a si mesma, pois se conhece perfeitamente e sabe que merece esse amor; mas agora não falo da virtude verdadeira, e sim da virtude imaginária. Menos numerosos são, com efeito, os que realmente a querem possuir do que os que a querem aparentar. Estes se deleitam com a lisonja e, quando lhes são dirigidas palavras dissimuladas para concordar com suas vontades, pensam que essa vã tagarelice testemunha seu mérito. Portanto, não há amizade quando um se recusa a escutar a verdade e o outro está disposto a mentir. Os parasitas das comédias não nos fariam rir tanto de sua subserviência se não existissem os soldados fanfarrões[206]:

"Taís me faz grandes agradecimentos?"[207]

Bastava responder: "Grandes." Mas o bajulador grita: "Enormes!" Para agradar a pessoa que é alvo

---

206. O soldado fanfarrão (*miles gloriosus*) é um dos tipos clássicos da comédia; uma peça de Plauto traz esse título.
207. Terêncio, *Eunuco*, vv. 392-393. Trasão, soldado fanfarrão, mandou um presente a Taís, por intermédio do escravo Gnatão, e está apreensivo para saber se lhe agradou.

de suas lisonjas, o adulador sempre exagera tudo o que o adulado quer enaltecer. 99. Por isso, apesar de a mentira obsequiosa surtir efeito sobre os que a provocam e encorajam, é preciso também chamar a atenção das pessoas um pouco mais sérias e firmes para que não se deixem levar pela esperteza da lisonja. Quando o bajulador age abertamente, é impossível não percebê-lo, a menos que se seja um tolo; mas, quando é hábil e disfarça, toda atenção se torna necessária para impedir que ele se insinue. De fato, não é fácil reconhecê-lo, pois às vezes chega a contradizer para agradar, a contestar para concordar e, no fim, finge-se derrotado a fim de dar à vítima a ilusão de ser mais atilada. Ora, que há de mais torpe do que ser ludibriado? Para que tal não aconteça, todo cuidado é pouco.

> "Hoje, diante de todos esses velhos estúpidos
>   [e ridículos,
> zombaste de mim e me maltrataste bastante..."[208]

100. Mesmo no teatro, triste papel é o dos velhotes imprevidentes e crédulos. Mas eis que, não

---

208. Fragmento de uma comédia perdida de Cecílio Estácio, *Incerta* 243, ed. Ribbeck.

sei como, partindo da amizade que liga os homens perfeitos, isto é, os sábios – falo da sabedoria de que o ser humano é capaz –, minha fala[209] se desviou para as amizades vulgares. Voltemos, pois, ao ponto de partida e concluamos.

[Virtude e amizade]

XXVII. É a virtude, Caio Fânio e Quinto Múcio, é a virtude que promove e conserva a amizade. Pois é nela que está a harmonia das coisas, nela está a estabilidade, nela está a constância: quando se revela mostrando seu esplendor e reconhece o mesmo em outro, move-se na sua direção, acolhendo-o. Desse modo, acende-se a chama do amor ou amizade, pois ambos os nomes derivam do verbo amar, e amar nada mais é que experimentar afeição por aquele que se ama, sem consideração de necessidades ou proveitos (embora na amizade os proveitos sejam grandes, ainda que os não busquemos). 101. Com essa disposição de bem-querer nos adolescentes, fomos amigos dos anciãos da época: Lúcio Paulo, Marco Catão, Caio Galo, Públio

---
209. Cf. a definição dada no § 18.

Nasica[210], Tibério Graco, sogro de nosso caro Cipião[211]. Esse sentimento fulge ainda mais quando liga pessoas da mesma idade, como me ligava a Cipião, Lúcio Fúrio, Públio Rupílio, Espúrio Múmio. Nós, agora velhos, achamos repouso na afeição de jovens como vós e Quinto Tuberão. Quanto a mim, agrada-me também ter trato frequente com adolescentes como Públio Rutílio ou Aulo Vergínio[212]. E, dado que a condição da nossa vida e natureza é ordenada de tal modo que gerações se sucedem a gerações, cumpre antes de tudo desejar chegar, como se diz, à meta com os contemporâneos com os quais, por assim dizer, partimos, e alcançar com eles a linha de chegada. 102. Mas, como as coisas deste mundo são frágeis e passageiras, temos de procurar à nossa volta alguém digno de ser amado e capaz de amar. Sem amor e benevolência, realmente, a vida não tem nenhum encanto. Para mim, Cipião vive e viverá sempre, apesar de seu súbito passamento, pois o que amei

---

210. Sobre Lúcio Paulo (ou Paulo Emílio), Marco Catão e Caio Galo, cf. § 9; sobre Públio Nasica, cf. § 41.

211. Tibério Graco, pai dos dois famosos tribunos, foi genro do primeiro Africano, de quem desposou a filha Cornélia, e sogro do segundo Africano, que desposou sua filha Semprônia.

212. Públio Rutílio Rufo, jurisconsulto e filósofo, acabou condenado ao exílio acusado de concussão. Aulo Vergínio, jurista quase desconhecido.

foi a sua virtude e esta não morreu[213]. E não sou o único que a conservo diante dos olhos depois de ter tido tanto contato com ela: também ela resplandecerá com puríssima luz para a posteridade. Jamais alguém conceberá uma esperança ou empreendimento de vulto sem tomar por modelo a imagem que Cipião nos legou. 103. Eu próprio, entre todos os bens que recebi do destino ou da natureza, nada tenho que se possa comparar à amizade de Cipião. Nele encontrei pleno acordo na política, conselhos para minha vida particular, serenidade cheia de encanto. Pelo que me lembro, nunca o ofendi sequer nas mínimas coisas: e dele jamais escutei palavra que não quisesse escutar. Tínhamos a mesma casa, o mesmo alimento tomado em comum; vivíamos juntos não só no exército como nas viagens e nas férias no campo. 104. Que dizer então de nossos esforços para investigar ou adquirir novos conhecimentos, esforços que nos afastavam dos olhares da multidão e ocupavam todas as nossas horas de ócio? Se não me fosse possível recuperar essas imagens e se a lembrança que delas guardo houvesse desaparecido com ele, de modo algum eu suportaria o pesar de

---

213. Encontra-se aqui um resumo da teoria da imortalidade da alma apresentada no "Sonho de Cipião" (*Da república*, VI); cf. §§ 12-14.

ter perdido um amigo tão íntimo e amado. Nada disso, porém, desapareceu, tudo se me aviva nas reflexões e na memória. E, se me visse privado de tais lembranças, a idade me proporcionaria um consolo eficaz. Não irei sofrer por muito mais tempo essas saudades. Embora sejam grandes, todas as coisas breves devem ser toleradas.

Eis o que eu tinha a dizer sobre o assunto. Exorto-vos agora a atribuir à virtude, sem a qual não existem amigos, um valor tal que, à exceção dela, nada julgueis superior à amizade.